KB260515

진짜 매출을 부르는
회계 감각

진짜 매출을 부르는 회계 감각
돈, 일, 시장의 흐름을 읽는 도구

2026년 2월 6일 초판 1쇄 발행

지은이 김성호·송승훈

펴낸이 김은경
편집 권정희, 한혜인, 남궁은
마케팅 김예은
디자인 오은채, 김지호
경영지원 이연정
펴낸곳 ㈜북스톤
주소 서울특별시 성동구 성수이로7길 30, 2층
대표전화 02-6463-7000
팩스 02-6499-1706
이메일 info@book-stone.co.kr
출판등록 2015년 1월 2일 제 2018-000078호

ISBN 979-11-7523-028-6 (03320)

북스톤은 세상에 오래 남는 책을 만들고자 합니다. 이에 동참을 원하는 독자 여러분의 아이디어와 원고를 기다리고 있습니다. 책으로 엮기를 원하는 기획이나 원고가 있으신 분은 연락처와 함께 이메일 info@book-stone.co.kr로 보내주세요. 돌에 새기듯, 오래 남는 지혜를 전하는 데 힘쓰겠습니다.

진짜 매출을 부르는 회계 감각

돈, 일, 시장의 흐름을 읽는 도구

김성호

송승훈

회계 앞에서 길을 잃는 10가지 순간

첫 직장에 이력서를 넣었을 때 나는 전략기획팀을 희망했다. 하지만 합격 후에 받은 연락은 회계팀에 배치한다는 것이었다. 아쉬운 마음이 진하게 남았지만, 이미 취업을 준비하며 많은 고배를 마셨기에 일단 입사한 후에 기회를 봐서 팀을 옮겨야겠다고 생각했다. 그 당시에는 회계팀에서 계속 커리어를 쌓는다는 계획은 내 머릿속에 없었다.

몇 년 후 연말 결산을 할 때의 일이다. 직원들이 경비 정산을 해주어야 하는데 몇 명이 번번이 마감을 넘겼다. 그들에게 아쉬운 소리, 싫은 소리를 해가며 독촉하는 일이 늘 번거로웠다. 그날도 한 사람이 마지막 날까지 경비 정산을 마치지 않은 채 팀 회식을 갔다는 말을 듣고 회식 장소를 알아내 쫓아가 기어이 회사로 다시 끌고 들어왔다. 그때 마음속으로 '뒤처리나 해주는 회계팀이라고 무시하냐?'라고 화를 냈던 기억이 난다. 아무도 그렇게 말하지 않았지만 그냥 나 스스로 그런 생각을 했다.

내 울분이 아예 터무니없는 것은 아니었다. 언젠가 한 임원이 팀원들과 대화하던 중에 자신도 모르게 회계팀원을 "빈 카운터Bean Counter"라고 부르며 조롱하는 모습을 본 적이 있다. 그 임원에게 당장 따지고 싶었지만 그러지 못하고, 웃으며 조롱하는 그 모습을 그저 마음에 담아둘 수밖에 없었다.

한번은 후배가 팀 이동을 신청했다. 성실하고 일도 잘하는 친구라 그를 붙잡고자 설득했지만 통하지 않았다. 그는 회계가 아닌 다른 쪽으로 커리어를 만들고 싶다고 했다. 생각해보니 나도 그랬다. 입사 5년 만에 10명을 이끄는 회계팀장이됐지만 그 자리를 버리고 영업팀에서 6개월, 인사팀에서 6개월을 일했다. 어찌 보면 경력을 망가뜨리는 짓을 하고 있었다. 보다 못한 당시 상사가 나를 불러 무조건 회계팀장으로 복귀하라고 지시했다. 그 지시에 반발해 무단결근을 감행했다가 하루 만에 결국 회계팀으로 돌아갔다. 나도 그런 경험이 있기에 후배의 마음을 이해하면서도 나처럼 그럴까 봐 안타까웠다.

몇 년 전에 중소기업 대표를 대상으로 회계 교육을 했을 때 한 분이 손을 들고 질문했다.

"회계가 필요하다는 건 알겠습니다. 하지만 회계를 안다고 사업을 잘하나요? 매출이 오르나요? 아니면 고객이 늘어나나요? 왜 굳이 시간을 내 회계 교육을 받아야 하는 건지 저는 솔직히 모르겠습니다."

나는 그의 말을 들으며 고개를 끄덕였다. 당신은 어떤가? 이 책을 펼쳤다면 회계가 당신의 일에 필요하다는 사실에는 동의한다는 뜻일 것이다. 그러나 회계를 안다고 내 일이 더 잘되는가? 지금 당신도 마음속으로 이런 의구심을 갖고 있지는 않은가?

20년이 훨씬 넘는 시간 동안 회계를 업으로 삼아 일했던 나조차 그런 생각을 한 적이 많다. 내게 회계는 그런 것이었다. 피하려 했지만 피하지 못하고 업이 되어버린 길, 때로는 누군가에게 무시당하고 때로는 나 스스로도 소홀히 대했던 길이었다.

그러던 내가 회계의 가치를 제대로 느끼게 된 것은 CEO가 되고서였다. 회계 전문가의 눈으로 CEO의 자리에 서고 보니 회사의 문제들이 뚜렷이 보였다. 회사 전체 활동의 흐름이 명확하게 느껴졌고, 집중해야 할 포인트를 알 수 있었다. 무슨 자료를 봐야 하는지 직감적으로 알았고, 그런 데이터를 어떻게 추출해야 하는지도 이해가 됐다. 회계가 전해준 감각 덕분에 그 어렵다는 턴어라운드 경영을 성공적으로 할 수 있었다. 하나하나가 사람들이 홀대했고 나조차 실감하지 못했던 회계의 힘을 생생하게 느끼게 한 경험이었다. 더불어 내 안에 자리 잡은 회계의 감각이 생각보다 더 힘이 있음을 깨달은 경험이었다.

그 감각은 기업을 이끄는 당신에게도 커다란 도움이 될 것이다. 그것은 단지 기업을 숫자로 바라보는 의미 그 이상이다.

실리콘밸리의 유명 투자자 벤 호로위츠Ben Horowitz는 회계를 모르는 창업가들을 조심하라고 했다. 그의 저서《하드씽 The Hard Thing About Hard Things》에 이런 구절이 나온다.

'경영자는 반드시 숫자를 알아야 한다. 손익계산서를 보고도 무엇이 문제인지 모른다면, 그는 결국 중요한 결정을 남

에게 맡기게 될 것이다.'

'경영의 신'이라 불리는 교세라의 창업자 이나모리 가즈오도 "회계를 모르고 어떻게 경영을 한다는 말인가?"라고 말하며 자회사 경영자들에게 일침을 놓았다. 스타트업부터 대기업까지 예외는 없다. 경영자가 회계 감각이 없다는 것은 자신의 회사가 하는 말을 알아듣지 못한다는 뜻이다.

리더인 당신은 오늘도 누구보다 치열하게 현장을 누빌 것이다. 새로운 기회를 찾고자 사람들을 만나고, 시시때때로 터져 나오는 문제들을 해결하며, 밤늦게까지 미래 전략을 고민할 것이다. 당신의 열정과 노력 덕분에 회사는 분명 앞으로 나아가고 있다.

하지만 문득 마음 한구석에서 정체를 알 수 없는 불안감이 고개를 들기도 할 것이다. 신규 사업을 위한 자금 집행을 앞두고, 투자자 앞에서 발표를 준비하며, 중요한 투자를 결정해야 하는 순간에 어김없이 찾아오는 그 불안의 이름은 바로 '숫자'다.

혹시 당신도 이런 순간들을 마주한 적이 있지 않은가?

순간 1. "매출은 늘었는데, 왜 자금은 항상 부족할까?"

손익계산서의 맨 윗줄은 분명 성장하고 있는데, 협력사에 대금을 지급하고 신규 프로젝트를 시작할 자금을 생각하면 아찔해진다. 이익과 현금, 대체 무엇이 우리 회사의 진짜 현실일까?

순간 2. "신제품 가격, 얼마로 정해야 남는 장사일까?"

경쟁사보다 싸게 팔아야 할까, 비싸게 팔아야 할까? 우리 제품의 '원가'가 얼마인지 정확히 모르니, 가격을 결정하기 전에 늘 망설이게 된다.

순간 3. "왜 우리 회사는 일사불란하지 않고 팀마다 다른 목표를 향해 달릴까?"

영업팀은 매출 신기록을 달성했다고 환호하는데, 재무팀은 수익성이 악화됐다며 울상이다. 모든 구성원이 목표로 삼을 '공통의 계기판' 없이 저마다 다른 방향을 보고 달리며 다른 말을 하는 기분이 든다.

순간 4. "예산은 한정돼 있는데 왜 팀장들은 큰 그림을 보지 못하고 자기 팀의 이익만 챙기려 할까?”

어떤 기준으로 자원을 배분해야 모두가 납득할 수 있을까? 명확한 기준이 없으니 리더의 결정은 늘 어느 한쪽의 원망을 살 수밖에 없다. 이런 현상이 반복되지 않으려면 어떻게 해야 할까?

순간 5. “어떤 고객이 진짜 우리 회사를 먹여 살리는 걸까?”

매출이 가장 큰 고객이 정말 우리에게 가장 많은 이익을 안겨주는 ‘진짜 고객’일까? 매출 크기와 수익성에 기여하는 고객이 서로 다를 때 누구에게 더 집중해야 할지 판단이 서지 않는다.

순간 6. “투자자 앞에서 왜 나는 자꾸 작아지는가?”

그들이 사용하는 ‘EBITDA’, ‘ROE’, ‘CAC’ 같은 용어를 들으면 나도 모르게 위축된다. 내 사업에 대한 열정과 확신이 있는데 왜 재무 용어 앞에서는 힘을 잃는 것일까? 나름대로 열심히 공부하고 암기해도 막상 발표하려고 하면 머릿속이 하얘진다.

순간 7. "잘될 것 같았던 투자가 번번이 실패하는 이유가 뭘까?"

분명 '될 것 같다'라는 확신으로 시작한 일인데, 결과는 늘 기대에 미치지 못했다. 나의 번뜩이는 직관이 왜 번번이 현실의 벽에 부딪히는지 답답하다.

순간 8. "위기가 닥쳤을 때, 왜 아무도 문제의 근원을 모를까?"

갑작스러운 실적 악화의 원인을 물으면 다들 "시장 상황이 좋지 않아서…"와 같은 막연한 대답만 내놓는다. 우리 몸 어딘가에서 피가 새고 있다는 위험 신호를 내가 놓치고 있는 것은 아닐까?

순간 9. "실적은 좋은데 왜 마음 한구석은 계속 불안할까?"

숫자상으로는 모든 것이 완벽해 보이는데, 이 성과가 모래성처럼 위태롭게 느껴진다. 누군가가 이유를 물으면 딱히 대답하지는 못하지만, 이 결과가 질적으로도 정말 단단하고 건강한 것인지 의문이 든다.

순간 10. "중요한 결정 앞에서 왜 확신이 서지 않을까?"

수많은 정보와 의견 속에서 최종 결정을 내려야 하는 순간, 책임의 무게가 어깨를 짓누른다. 나의 선택을 뒷받침해줄 단단한 데이터와 근거가 부족하다고 느끼는데, 이에 대한 해법이 있을까?

이 10가지 순간 중 단 하나라도 당신의 이야기처럼 느껴졌다면 이 책이 도움이 될 것이다. 당신이 느꼈던 그 막막함과 불안함은 결코 혼자만의 것이 아니다. 지금도 수많은 리더가 그 길목에서 방향을 잃고 헤매고 있다. 그리고 이 모든 질문의 뿌리는 하나로 연결되어 있다. 바로 기업의 리더로 살기 위해서는 '회계 감각'이 필요하다는 사실이다.

이 책은 숫자 앞에서 막막해지는 순간이 당신 혼자만의 사정이 아니라고 말해주기 위해 그리고 길을 잃은 바로 그곳에서 다시 방향을 찾을 수 있도록 돕기 위해 쓰여졌다. 회계가 가진 본래의 힘을 기업의 성장 동력으로 만드는 길을 터주고자 두 저자가 의기투합한 결과이기도 하다.

저자 김성호는 20년 넘게 회계 일을 한 후 CEO가 됐다. 회계 분야에 몸담을 거라는 생각을 하지 못한 채 회계에 발을

들였고, 회계를 천직으로 받아들였을 때 CEO로 역할이 바뀌었다. 회계는 우연히 시작했지만, 결국 기업의 운명을 책임지는 리더의 자리로 이끌어준 인생의 나침반이었다.

저자 송승훈은 공인회계사로 커리어를 시작했다. 공인회계사로서의 시선과 경험은 기업의 가장 깊은 속살을 들여다볼 수 있는 최적의 분석 도구였다. 숫자를 통해 비즈니스의 맥락을 읽어내는 능력을 바탕으로 CFO, 나아가 CEO로 성장하며 경영의 최전선을 경험했다.

우리는 이 책에서 회계를 철저히 리더의 '언어'이자 '도구'로 다룰 것이다. 따라서 당신에게도 회계사처럼 복잡한 규칙을 암기하라고 요구하지 않는다. 당신이 리더로서 회계라는 강력한 '언어'와 '도구'를 손에 쥐고, 자신 있게 비즈니스를 지휘하는 데 필요한 가장 핵심적인 '감각'을 갖추도록 만드는 것이 우리의 목표다.

첫째, 회계라는 언어로 회사의 전체 그림을 읽어낸다.

둘째, 숫자가 가득한 재무보고서 앞에서 더 이상 작아지지 않는다.

셋째, 자신만의 '경영 계기판'을 만들어 비즈니스의 활력

징후를 직접 챙긴다.

넷째, 데이터를 바탕으로 무엇이 문제이고, 무엇이 기회인지 명확히 진단한다.

다섯째, 투자자와 구성원 앞에서 회사의 성과와 비전을 숫자로 당당하게 말한다.

여섯째, 회계와 재무 담당자에게 의사결정에 필요한 데이터를 구체적으로 요청한다.

일곱째, 우리 회사에 필요한 회계 역량의 기준을 명확히 세운다.

이 책의 마지막 장을 덮을 때, 당신은 전혀 새로운 관점을 가진 리더의 모습을 갖추게 될 것이다. 이런 기대를 안고, 이제부터 여정을 시작해보자.

1장

회계는 언어다

비전과 숫자가 뒤섞일 때

지인의 부탁으로 한 스타트업의 COO를 만났다. 그는 인사를 나누자마자 자신의 회사를 자세히 소개했다. 그러고는 조심스럽게 회사 재무제표를 내밀며 내게 의견을 물었다.

나는 찬찬히 재무제표를 검토했다. 손익계산서부터 시작해 재무상태표, 현금흐름표까지. 그리고 느껴지는 대로 의견을 이야기했다. 무엇보다 수익성이 취약했다. 매출은 분기마다 성장하고 있었지만, 매출총이익률이 25%로 낮아도 너무 낮았고, 그조차 매 분기 조금씩 더 낮아지고 있었다. 또한 판매관리비는 매출 대비 50%를 넘었는데, 그중 인건비와 임차료 등 고정비 비중이 높았다. 영업이익은 창업 이후 단 한 번도 흑자를 기록한 적이 없었다. 이익은 박하고 비용은 높은 전형적인 저마진 고비용 구조였다. 이것만 보면 사업을 지속할 필요가 있을까 싶은 생각까지 들었다.

현금흐름표는 더 심각했다. 영업활동을 하느라 현금흐름이 계속 마이너스였다. 사업을 할수록 현금이 빠져나가고 있었고, 투자 유치로 들어온 현금으로 그 구멍을 메우고 있었다. 그렇다고 규모가 놀랄 만큼 커진 것도 아니었다. 연매출 30억 원 정도에 직원은 40명, 현금소진율Burn Rate은 월 3억 원이 넘었다. 간단한 계산으로도 6개월이면 현금이 바닥날 상황이었다.

그런데 그는 "저희는 성장률을 높이기 위해 인수를 진행하려 합니다"라고 말했다.

나는 속으로 깜짝 놀랐다. 자기 사업도 제대로 작동하지 않는데 다른 회사를 인수한다고? 게다가 6개월이면 현금이 바닥날 텐데? 인수자금을 물어보니 투자 유치로 조달하겠다고 했다. 이쯤 되자 CEO가 누군지 궁금했다. 그에게 CEO와의 미팅을 요청했다. 그리고 며칠 뒤 그와 함께 CEO를 만났다.

CEO는 에너지가 넘쳐 보였다. 시장의 기회에 대해, 자신들의 독특한 포지셔닝에 대해, 미래의 비전에 대해 열정적으로 이야기했다. 그의 프레젠테이션은 인상적이었다. 하지만 나는 계속 머릿속으로 재무제표의 숫자들을 떠올렸다.

"이 인수를 통해 고객 베이스를 2배로 늘릴 수 있습니다. 그러면 규모의 경제가 작동해 수익성도 개선될 겁니다."

그는 누적 적자나 현금 부족에 대해서는 그다지 염려하지 않는 듯 말을 이어갔다.

"일단 성장하고 나면 수익을 내는 것은 어렵지 않을 거라 생각합니다. 우버도 처음엔 계속 적자였잖아요."

그는 확실한 비전만 보여줄 수 있다면 추가 투자를 받을 수 있다는 자신감이 있었다.

"시리즈B 투자자들과 이미 접촉 중입니다. 관심을 보이는 곳들이 몇몇 있어요."

그러나 나는 더 이상 그의 말을 신뢰하기 어렵다고 판단해 적당히 미팅을 마무리하면서 행운을 빌어줬다. 그때 이런 생각이 들었다.

'과연 우리는 같은 회사에 대해 이야기했던 걸까?'

CEO는 '비전'이라는 언어로 자신의 회사를 말하고 있었다. 거대한 시장, 독특한 포지셔닝, 규모의 경제, 미래의 성장.

하지만 나는 '숫자'라는 언어로 그 회사를 보고 있었다. 매출 총이익률 25%, 매년 쌓이는 적자, 월간 현금소진액 3억 원, 유지 가능 기간 6개월.

우리는 같은 회사에 대해 서로 다른 언어로 대화했던 것이다. 미팅이 소득 없이 끝난 것은 어쩌면 당연한 결과였는지 모른다.

비즈니스의 표준 언어, 회계

당신의 회사에서도 이와 비슷한 일이 벌어지고 있지 않은가?

전사 워크숍에서 CEO가 선언한다.

"우리의 목표는 '고객 중심 성장'입니다!"

여기저기서 직원들의 박수가 터지고 모두가 고개를 끄덕인다. 하지만 회의실을 나서는 순간, 각자 전혀 다른 해석을 한다.

영업팀장은 '좋아! 그럼 매출을 20% 늘려야겠군'이라고 생각한다.

마케팅팀장은 '고객 중심 성장? 그렇다면 당연히 신규 고객 확보지. 이번 분기 목표는 1만 명이다'라고 생각한다.

제품개발팀장은 '고객이 만족할 만한 신기능 개발에 집중해야 해'라고 생각한다.

같은 장소에서 같은 말을 들었는데, 3명의 리더가 3개의 다른 목표를 향해 달려간다. 각자 자신만의 언어로, 자신만의 목표를, 자신만의 방식으로 접근한 것이다. 결과적으로 그들에게는 공통의 언어가 부재했다.

이것이 기업에 회계가 필요한 첫 번째 이유다.

회계는 비즈니스의 표준 언어다. 모든 활동을 하나의 기준으로 번역한다. 매출, 비용, 이익, 현금흐름을 이 언어로 말하면 영업팀장도, 마케팅팀장도, 제품개발팀장도 같은 '현실'을 보게 된다.

"우리의 목표는 고객 중심 성장입니다"가 아니라, "우리의 목표는 고객생애가치를 20% 증가시키면서 고객 획득 비용은 10% 절감해 영업이익률을 전년 대비 25%p 개선하는 것입니다"라고 말해야 한다.

이렇게 말하면, 모든 팀이 같은 목표를 향해 달릴 수 있다. 영업팀은 마진이 높은 계약에 집중한다. 마케팅팀은 구매

전환율이 높은 채널에 예산을 집중한다. 제품개발팀은 재구매율을 높이는 기능부터 먼저 개발한다.

이처럼 같은 언어로 말할 때 조직은 비로소 한 방향으로 정렬된다.

글로벌 IT 기업 아마존은 매년 주주들에게 편지를 보낸다. 그 편지에는 화려한 수사와 모호한 비전 대신 숫자 정보가 가득하다. 2024년 아마존의 CEO인 앤디 재시가 보낸 편지를 보자.

2024년은 우리에게 매우 성공적인 해였습니다.

총매출은 전년 대비 11% 증가한 5,750억 달러에서 6,380억 달러로 성장했습니다. 부문별로 살펴보면, 북미 매출은 3,530억 달러에서 3,870억 달러로 전년 대비 10% 증가했고, 해외 매출은 1,310억 달러에서 1,430억 달러로 전년 대비 9% 증가했으며, AWS 매출은 910억 달러에서 1,080억 달러로 전년 대비 19% 증가했습니다. 불과 10년 전 AWS 매출은 46억 달러였고, 같은 해 우리의 총매출은 890억 달러였습니다. 우리의 2024년 영업이익은 전년 대비 86% 증가한 369억 달러(영업이익률 6.4%)에서 686억 달러(영업이익률

10.8%)로 증가했습니다.

건조하게 느껴질 정도로 숫자가 가득하다. 1년에 한 번 보내는 편지를 왜 이렇게 퍽퍽하게 쓸까? 그들이 숫자를 좋아하는 괴짜이기 때문은 아니다. 아마존은 전 세계 수십만 명의 주주에게 메시지를 보낸다. 미국 투자자도, 중국 투자자도, 브라질 투자자도 모두 같은 방식으로 아마존을 이해해야 한다. 그들이 같은 언어로 이해할 수 있는 최적의 방법이 바로 숫자다. 그리고 이 모든 숫자는 회계가 만들어 제공하는 정보에 기반한다.

손정의 회장은 소프트뱅크의 실적 발표에서 100장이 넘는 슬라이드를 사용한다. 그의 슬라이드는 수많은 스타트업 대표들에게 교본처럼 여겨진다. 그만큼 영향력 있는 그의 슬라이드는 대부분 숫자와 그래프로 채워져 있다. 그는 "우리의 비전은 위대합니다"라고 말하기보다는 "우리가 투자한 기업들의 포트폴리오 가치는 ○조 엔이며, 이는 전년 대비 △% 증가한 것입니다"라고 말한다.

수많은 경영자가 숫자에 집착하는 이유는 간단하다. 숫자만이 현실을 있는 그대로 말하기 때문이다. 일관된 기준으로 기록된 숫자는 왜곡을 줄인다. 그럼으로써 모두 동일한 이해를 공유하는 것이 가능하다. 그래서 사람들은 회계를 '비즈니스의 언어'라 부른다.

회계라는 언어를 제대로 사용하면 무엇이 달라질까?

첫째, 합의Alignment가 만들어진다.

"우리의 북극성 지표는 '월간 활성 구매 고객 수'입니다. 모든 팀의 활동은 이 숫자를 올리는 데 기여해야 합니다."

이렇게 말하면, 마케팅팀은 '구매 고객 수'에 집중한다. 제품개발팀은 '재구매율'을 높이는 개선에 집중한다. 영업팀은 '활성 고객'을 늘리는 데 집중한다. 구체적인 숫자로 정의할 때, 조직은 한 방향으로 정렬된다.

둘째, 신뢰Trust가 쌓인다.

투자자가 "당신 회사의 현황은 어떻습니까?"라고 묻는다. 이에 사장인 당신은 이렇게 답한다.

"매출은 전년 대비 80% 성장했습니다. 영업이익은 아직 적자이지만 -15%에서 -8%로 개선됐습니다. 고객 획득 비용은 20% 절감했고, 재구매율은 45%에서 62%로 올랐습니다.

이 추세라면 14개월 후 손익분기점에 도달할 것으로 예상됩니다. 현재 현금으로 버틸 수 있는 런웨이Runway가 18개월이기에 추가 투자 없이 손익분기점에 도달 가능하고 현금 상황도 나아질 것입니다.”

투자자는 고개를 끄덕일 것이다. 당신이 ‘현실’을 정확히 파악하고 있음을 회계라는 언어로 증명했기 때문이다. 이처럼 회계라는 언어는 두루뭉술해지기 쉬운 일상의 언어보다 더 큰 신뢰감을 준다.

셋째, 실행력Execution이 생긴다.

‘측정할 수 없으면 관리할 수 없다’라는 말이 있듯, 측정하지 않으면 개선할 수 없다.

“고객 서비스를 개선해야 합니다”라고 말하는 것과 “고객 응대 시간을 평균 10분에서 5분으로 단축하고, 1차 해결률을 60%에서 80%로 올려야 합니다”라고 말하는 것의 실행력은 전혀 다르다. 전자가 구호라면 후자는 목표다. 회계라는 언어로 목표를 정의할 때 실행 가능한 수준으로 구체화되고 명확해진다.

회계의 언어로 실행력을 획득해 위기를 돌파한 사례는 무수히 많다. 대표적인 예로 인텔의 전설적인 CEO 앤디 그로브를 들 수 있다. 그는 매주 사업부별 수익성 데이터를 꼼꼼히 검토했다. 인텔이 메모리 사업에서 경쟁자들에게 속수무책으로 밀리고 있던 1985년, 그때도 그는 데이터를 보며 혼잣말을 했다.

"메모리 사업은 마진이 5% 이하인데 매출이 계속 하락하고 있고… 마이크로프로세서 사업은 마진이 60% 이상인데 성장률이 점점 오르고 있어…."

그는 고든 무어 회장에게 이렇게 물었다.

"만약 우리가 쫓겨나고 이사회가 새로운 CEO를 앉힌다면, 그는 무엇을 할까요?"

잠시 생각하던 무어가 답을 했다.

"메모리 사업에서 철수하겠지."

그로브는 눈을 크게 뜨며 말했다.

"그렇다면 우리가 지금 이 문을 나갔다가 다시 들어와서 그 일을 하면 되지 않겠습니까?"

이 대화로 인텔의 전략은 180도 바뀌었다. 7개의 메모리 공장을 폐쇄하고 수천 명의 직원을 해고했다. 끔찍한 비난에 직면했지만 이들은 흔들리지 않고 마이크로프로세서 사업에 힘을 쏟았다. 숫자가 보여준 현실에 리더가 반응했기에 가능한 변화였다.

반대로 회계라는 언어가 없다면 어떻게 될까?

15세기 이탈리아 베네치아의 상인을 상상해보자. 그는 향신료 무역으로 돈을 벌기로 계획했다. 하지만 문제가 있었다. 배 한 척을 띄우는 데는 엄청난 자본이 필요했고, 혼자서는 감당할 수 없었다. 여러 투자자로부터 돈을 모아야 했다.

투자자들이 물었다.

"내 돈을 맡기면 얼마를 벌 수 있나?"

상인이 답했다.

"많이 벌 겁니다!"

"얼마나?"

"아주 많이요!"

이런 대화로는 투자를 받을 수 없었다.

루카 파치올리Luca Pacioli라는 이탈리아의 수학자가 1494년에 한 가지 시스템을 제안했다. 복식부기Double-entry Bookkeeping라는 것이었다. 모든 거래를 2가지 관점에서 기록하는 방법. 돈이 들어오면 어디서 왔는지, 돈이 나가면 어디로 갔는지 정확히 추적하는 시스템이었다.

이 시스템 덕분에 상인은 투자자에게 이렇게 말할 수 있게 됐다.

"지난 항해에서 우리는 향신료를 1,000두카트에 사서 1,800두카트에 팔았습니다. 운송비와 세금을 제하면 순이익은 500두카트입니다. 당신이 투자한 200두카트에 대한 수익률은 50%입니다."

숫자로 말하니 한층 명확하고 효과적인 대화가 가능해졌다.

이것이 오늘날까지 이어지는 현대적인 경영의 방식이다. 회계라는 공통 언어가 없었다면 대규모 무역도, 주식회사도, 현대적인 경영도 이처럼 발전하지 못했을 것이다.

회계는 증명의 언어다

앞에서 언급한 스타트업 CEO가 투자자를 만나면 어떻게 말할지 상상해보았다. 그가 투자자에게 이렇게 말한다.

"우리의 시장은 거대합니다. 우리의 제품은 독특합니다. 고객들은 우리를 사랑합니다."

투자자는 물을 것이다.

"그래서 고객들이 당신의 제품을 얼마나 사랑합니까?"

"아주 많이 사랑합니다!"

"그렇다면 재구매율은 얼마입니까?"

"…아직 자료가 준비되지 않았습니다."

"그럼 고객 한 명이 평생 얼마를 지불합니까?"

"…계산해본 적이 없습니다."

이런 대화가 오간다면 그것은 진정한 의미의 대화라 볼 수 없다.

CEO는 '사랑'이라는 추상적인 언어로 말하는 반면, 투자자는 '숫자'라는 구체적인 언어로 묻고 있다. 그러나 CEO는 회계라는 언어로 자신을 증명하지 못하고 있다. 투자자가 실제로 알고 싶은 건 이런 것이다.

"당신의 비즈니스 모델이 작동합니까?"

"고객이 당신의 제품을 원하고, 돈을 지불할 의향이 있고, 반복해서 구매한다는 것을 숫자로 증명할 수 있습니까?"

"당신은 회사의 규모를 키울 수 있습니까?"

"지금의 비즈니스를 10배, 100배로 키울 수 있다는 것을 보여줄 수 있습니까?"

"당신은 얼마나 효율적으로 회사를 운영하고 있습니까?"

"같은 매출을 내는데 경쟁사보다 적은 비용을 씁니까?"

이 질문들에 "네, 믿어주세요"라고만 답해서는 안 된다. 증명의 말은 회계라는 언어로 해야 한다. 당신이 화려한 말로 비전을 강조하는데 숫자는 다음과 같이 말하고 있다면, 투자자는 과연 무엇을 믿을까?

- 매출총이익률은 25%로 낮고, 판관비는 50%로 높다.
- 창업 이후 단 한 번도 흑자를 기록한 적이 없다.
- 영업활동 현금흐름이 지속적으로 마이너스를 기록한다.
- 연매출 30억 원에 직원 40명으로 확장성이 의심된다.
- 그에 대한 대안으로 인수를 말하지만 인수 대상 기업도 비슷하게 취약하다.
- 월간 현금소진액은 3억 원, 유지 가능 기간은 6개월이다. 후속 투자를 받을 시간이 부족하다.

재무제표는 명확히 말하고 있다.

'이 비즈니스는 작동하지 않습니다.'

그리고 투자자는 창업자가 아닌 숫자가 하는 말을 더 진지하게 들을 것이다.

스타트업 액셀러레이터 기업 Y콤비네이터의 폴 그레이엄Paul Graham은 스타트업 창업자들에게 이렇게 말했다.

"PMFProduct-Market Fit(제품 시장 적합성)를 알 수 있는 가장 확실한 신호는 사용률이다. 사람들이 당신 제품을 미친 듯이 사용하고 있다면, 그것이 바로 PMF다."

좋은 말이다. 기준도 명확하다. 하지만 여기에도 함정은 있다. 얼마나 사용해야 '미친 듯이 사용한다'라는 기준을 충족할까? 이것도 숫자로 나타나야 한다. 사용자의 60%가 일주일에 5일 이상 접속하는가? 평균 사용 시간이 경쟁사보다 3배 많은가? 이런 숫자가 있어야 '미친 듯이 사용한다'라는 말이 증명된다. 숫자가 없으면, 그것은 그냥 '느낌'일 뿐이다.

벤 호로위츠는 자신의 저서 《하드씽》에 이렇게 썼다.

'스타트업이 실패하는 가장 큰 이유는 제품을 만들지 못해서가 아니라, 확장 가능한 비즈니스 모델을 찾지 못해서다.'

그런데 '확장 가능한 비즈니스 모델을 찾았다'라는 것은 어떻게 알 수 있을까? 숫자로 증명할 수 있을 때다. '고객 한

명을 데려오는 비용보다 고객이 평생 가져다주는 가치가 3배 크다'거나 '매출이 2배 늘 때 비용은 1.5배만 는다'와 같이 말이다. 이렇게 숫자로 증명되기 전까지는 확장 가능한 비즈니스 모델을 찾은 것이 아니며, 당신의 비즈니스 모델은 아직 '가설' 상태인 것이다.

내가 만난 스타트업 CEO가 "우버도 처음엔 계속 적자였잖아요"라고 말한 건 잘못된 인식에서 비롯된 것이다. 우버가 적자를 내면서도 투자받을 수 있었던 이유는 우버의 단위경제성Unit Economics이 작동했기 때문이다. 단위경제성이란 말 그대로 한 단위의 제품/서비스가 기업에 가져다주는 수익을 뜻하는 개념으로, 우버는 비록 기업 전체적으로는 적자였지만, 탑승 건당 이익을 달성했고 점차 증가하고 있었다. 다만 새로운 도시에 진출할 때마다 초기 비용이 막대하게 들었기에 기업 전체로는 적자였던 것이다. 투자자들도 계산을 통해 이 사실을 이해했음은 물론이다.

"이 회사는 도시당 X억 달러를 투자하면 Y억 달러의 매출과 Z억 달러의 이익을 만들어낼 수 있다. 사용자가 늘어나면 초기 투자를 넘어서는 이익이 가능함을 숫자가 증명하고 있다. 즉 자본만 투입하면 전 세계로 확장이 가능하다.”

이처럼 우버는 숫자로 자신의 사업성을 증명했기에 막대한 투자를 유치할 수 있었다. 그런데 이 사실을 간과한 채 시장을 장악하려는 목적으로 규모를 키우는 데만 몰두한 스타트업이 적지 않다. 내가 만난 CEO도 비슷한 비전을 품었다. 그러나 그를 만나고 몇 달 후인 2022년부터 투자 시장은 급격히 냉각됐다.

크런치베이스[1]의 데이터에 따르면 글로벌 벤처 투자가 2년간 절반 이하로 축소됐다. 이 시기에 가장 큰 타격을 받은 기업들은 단위경제성을 도외시한 채 성장만 추구한 기업들이었다. 투자 환경이 좋을 때는 ‘일단 크게 키우면 된다’라는 논리가 지배했지만 투자 시장이 얼어붙자 투자자들은 이렇게 물었다.

“그래서 당신은 언제 돈을 벌 수 있습니까?”

---

1   크런치베이스는 VC, CEO, 세일즈 담당자가 거래를 찾고 성사시킬 수 있도록 실시간 기업 정보를 제공하는 플랫폼으로, 미국 샌프란시스코에 본사를 두고 있다. 회사, 자금 조달 라운드, 핵심 인력, 업계 동향 등에 대한 포괄적인 데이터베이스를 제공한다.

"추가 투자 없이 수익성에 도달할 수 있습니까?"

그것을 증명한 기업에는 자금이 몰리고, 증명하지 못한 기업에는 투자가 끊기는 현상이 심화되고 있다. 이것은 비단 미국만의 이야기가 아니다. 〈더브이씨〉의 자료에 따르면,[2] 투자 유치 이력이 있는 한국 국적의 스타트업 및 중소기업 중 2023년에 폐업한 기업은 146개인 것으로 확인됐다. 그들은 왜 후속 투자를 받지 못했을까? 자신을 숫자로 증명하지 못했기 때문이다.

이후 그 CEO의 회사가 어떻게 됐는지는 잘 모른다. 솔직히 말하면 관심을 두지 않았다. 나를 찾아왔던 COO가 그 회사를 떠난다며 인사의 메시지를 보낸 것이 내가 아는 전부다. 다만 그 CEO에게 하지 못한 말은 여전히 씁쓸하게 마음에 남아 있다.

"당신이 증명해야 하는 것은 듣기 좋고 매력적인 스토리가 아닙니다. 숫자로 증명할 수 있는 비즈니스 모델입니다. 지금 당신의 재무제표는 증명하지 못하고 있습니다. 당신에게

---

2   THE VC, "2023 한국 스타트업 투자 브리핑(2편)", 2023.12.26.

지금 필요한 것은 더 많은 투자가 아니라, 비즈니스 모델의 근본적인 개선입니다."

리더가 회계라는 언어를 배워야 하는 이유

내가 근무했던 글로벌 기업에는 독특한 규정이 있었다. 사장이 되려면 반드시 재무팀에서 1년 이상 근무해야 했다. 처음에는 이상하다고 생각했다. 영업의 천재가 왜 책상에 앉아 장부를 들여다봐야 하는가?

하지만 시간이 지나면서 그 이유를 알게 됐다. 사장의 모든 의사결정은 결국 회사의 재무에 영향을 미친다. 신제품 출시, 공장 증설, 인력 채용, 마케팅 투자. 이 모든 결정이 재무제표에 어떻게 반영되는지 알아야 올바른 결정을 내릴 수 있다. 1년이라는 시간은 사장에게 필요한 '회계 언어'를 습득하기 위한 필수 과정이었다.

재무팀을 거친 사장들은 달랐다. 영업팀장이 "신규 고객을 1,000명 확보했습니다"라고 보고하면, 그들은 즉시 고객 획득 비용을 물었다. 그리고 고객의 예상 생애가치와 비교하도록 요구했다. 숫자로 대화할 수 있는 리더는 현상과 활동의 의미를 숫자를 통해 이해하는 데 익숙하다. 그렇기에 명확한 나침반이 그 마음에 존재하는 것이다.

퇴직 후 나는 리더를 위한 회계 책을 집필했고, 기업의 리더들을 대상으로 회계를 교육하는 강사로 활동하기 시작했다. 그러면서 놀란 점이 2가지 있다. 하나는 생각보다 많은 기업이 리더들에게 회계 교육을 시킨다는 것이었고, 다른 하나는 그 의도에 공감하는 교육 참가자들이 생각보다 훨씬 적다는 것이었다. 내 역할은 후자에게 전자의 의도를 납득시키는 것이라 할 수 있다.

한 제조업체의 임원 교육에 참석한 이들은 모두 20년 이상 경력의 베테랑들이었다. 그들이 기초회계 수업을 듣기 위해 이틀간 회의실에 모여 앉아 있었다. 한 임원이 쉬는 시간에 내게 다가와 말했다.

"솔직히 말하면, 처음에는 왜 이런 교육을 받아야 하는지 이해가 안 됐습니다. 제 일은 생산이고, 재무는 재무팀이 알아서 하는 거라고 생각했으니까요."

"지금은 어떻습니까?"

"지금은 알겠습니다. 그동안은 제가 내린 생산 관련 의사 결정들이 회사 전체 재무에 어떤 영향을 미치는지 이해하지 못했습니다. 저는 '불량률 1% 감소'만 생각했는데, 그게 연간 영업이익에 어느 정도의 영향을 미치는지는 몰랐습니다."

그는 경영 원리에 눈을 뜨고 있었다. 기업 내의 모든 활동은 연관되어 있고, 그 연관성은 회계를 통해 확인된다는 사실을 납득하기 시작한 것이다.

스타트업 창업자를 위한 교육에서 한 창업자가 물었다.

"저희 회사는 아직 규모가 작습니다. 회계는 외부 회계사 무소에 맡기면 되는 거 아닙니까? 굳이 제가 이런 복잡한 걸 배워야 하나요?"

나는 되물었다.

"당신 회사의 런웨이는 몇 개월입니까?"

"…잘 모르겠는데요."

"그럼 다른 말로 물어볼게요. 지금 상태에서 당신 회사는 추가 투자 없이 몇 개월을 생존할 수 있습니까?"

그는 잠시 생각하더니 자신 없는 목소리로 대답했다.

"재무팀에 물어봐야 합니다."

"투자자가 핵심 지표^{Key Metrics}를 물으면 지금처럼 대답할 겁니까?"

그는 얼굴이 붉어지며 침묵했다.

비록 하나의 질문이었지만 내 마음속에는 그가 자신의 회사가 지금 어디에 있으며 어디로 가고 있는지 제대로 모를 것 같다는 의구심이 들었다. 투자자도 그렇게 생각하지 않겠는가? 그 기업은 다름 아닌 리더로 인해 어려움을 겪을 수도 있다. 리더가 회계 언어를 배우지 않으면 다음과 같은 일이 벌어질 가능성이 크다.

첫째, 투자자와의 대화가 어려워진다.

둘째, 조직이 한 방향으로 정렬되지 못한다.

셋째, 실행 가능한 전략이 마련되지 않는다.

넷째, 위기를 예측하기가 더 어려워진다.

비즈니스는 회계 언어 없이는 증명할 수 없다. 증명할 수 없으면, 신뢰받을 수 없다. 신뢰받지 못하면, 투자를 받을 수 없다. 투자를 받지 못하면, 성장할 수 없다. 그 결과 살아남을 가능성이 더 희박해지는 악순환의 고리에 빠진다.

반대로 리더가 회계 언어를 익히면 길이 달라진다.

첫째, 자신의 비전을 숫자로 번역할 수 있다.

둘째, 이해관계자들에게 같은 '현실'을 공유할 수 있다.

셋째, 조직을 하나의 목표로 움직이게 할 수 있다.

넷째, 데이터로 뒷받침되는 전략적 선택을 할 수 있다.

다섯째, 위기가 오기 전에 신호를 읽을 수 있다.

도대체 왜 많은 기업이 돈과 시간을 들여 리더들에게 회계 교육을 하는지 내게 묻는다면 쉽게 대답할 수 있다. 그게 그들의 사업에 도움이 되기 때문이다. 아울러 경영의 세계에서 회계는 선택이 아닌 필수이기 때문이다.

비즈니스를 하는 모든 리더는 영업을 하든, 마케팅을 하든, 제품을 개발하든, 공장을 운영하든 자신이 내리는 모든 결정이 결국 회사의 재무에 영향을 미친다는 사실을 기억해야 한다. 그 영향을 이해하지 못하면, 좋은 의도를 가졌다 하더라도 어떤 결정은 회사를 망가뜨리는 결과를 가져올 수 있음을 인식해야 한다.

회계는 리더가 더 좋은 결정을 하도록 돕는다.

리더를 위한 회계 학습법

지금까지 모든 리더가 회계를 배워야 하는 이유를 설명했다. 이에 공감한 당신이 회계팀의 김 과장을 호출해 이렇게 말한다면 어떨까?

"김 과장, 오늘부터 내게 기초회계에 대해 매일 30분씩 알려주세요."

열의는 훌륭하지만, 이는 그리 현명하지도 적절하지도 않은 방법이다. 왜일까?

일단 김 과장은 직원이다. 따라서 경영자의 시각에서 경영자의 필요를 이해하는 데 한계가 있다. 또한 그는 회계팀 소속이다. 그는 회계 담당자 관점에서 회계를 바라본다. 회계 담당자의 관점은 회계의 '결과'를 사용하는 리더의 관점과는 매우 다르다. 회계사나 회계 담당자는 회계를 '만드는' 사람이다. 그들의 관심사는 정확한 분개, 올바른 계정 분류, 회계기준 준수다. 하지만 리더인 당신은 회계를 '읽고 사용하는' 사람이다. 당신의 관심사는 이 숫자가 무엇을 의미하는지, 어떤 결정을 내려야 하는지, 어떤 행동을 취해야 하는지다.

비유하자면 이렇다. 요리사에게 요리를 배우는 것과 영

양학자에게 음식 선택법을 배우는 건 전혀 다르다. 김 과장은 훌륭한 요리사일 수 있지만, 당신에게 필요한 것은 메뉴판을 읽고 건강한 선택을 하는 방법이다.

그렇다면 리더는 어떻게 회계를 배워야 할까?

첫째, 거꾸로 배워라

전통적인 회계 교육은 차변과 대변, 분개와 전기부터 시작한다. 마치 집을 짓듯 기초부터 차근차근 쌓아올린다. 하지만 리더인 당신은 집을 지을 필요가 없다. 이미 지어진 집을 평가하고, 어디를 보수해야 하는지 판단하면 된다.

리더는 회계의 결과에서부터 시작해야 한다. 즉 재무제표부터 보는 것이다.

손익계산서를 펼친다.

"매출총이익률이 30%네. 이게 높은 건가, 낮은 건가?"

이 질문에서 시작한다. 그리고 업계 평균을 찾아본다. 경쟁사와 비교한다. 우리 회사의 3년 추이를 본다. 이 과정에서 매출총이익이 무엇인지, 왜 중요한지 자연스럽게 이해하게 된다.

재무상태표를 본다.

"유동비율이 150%네. 이게 안전한 건가?"

이 질문이 당신을 유동자산과 유동부채의 개념으로 이끈다. 분개를 외우지 않아도, 차변과 대변의 원리를 몰라도, 당신은 회사의 단기 지급 능력을 평가할 수 있게 된다.

이렇게 배우면 어떤 효익이 있을까? 배운 것을 즉시 실무에 적용할 수 있다. 추상적인 이론을 먼저 공부하고 나중에 적용하는 것이 아니라, 지금 당장 마주한 문제를 해결하면서 배우는 것이다.

한 제약회사의 신임 사장이 있었다. 그는 R&D 출신으로, 회계는 전혀 몰랐다. 취임 후 첫 이사회에서 그는 CFO가 제시한 재무제표를 보고 당황했다. 모든 게 낯설었다.

하지만 그는 매우 영리했다. 이사회가 끝난 후 CFO에게 물었다.

"우리 회사에서 가장 중요한 재무 지표 5개만 알려주세요. 그리고 그 숫자들이 지난 5년간 어떻게 변했는지 보여주세요."

CFO는 매출성장률, 영업이익률, R&D 투자비율, 현금창출력, 부채비율을 보여줬다. 사장은 그 숫자들을 벽에 붙여놓고 매일 아침 확인했다. 그리고 물었다.

"이번 달에 이 숫자가 왜 올랐나요?"

"이번 달에 이 숫자가 떨어진 이유가 뭔가요?"

6개월 후, 그는 재무제표를 읽을 수 있게 됐다. 1년 후, 그는 이사회에서 숫자로 자신의 전략을 설명했다. 여전히 그는 차변과 대변을 몰랐지만, 그것은 전혀 문제가 되지 않았다.

둘째, 질문하면서 배워라

회계는 답이 아니라 질문이라는 사실을 알아야 한다. 숫자는 당신에게 뭔가를 말하려 한다. 당신의 일은 그 말을 듣는 것이다. 회계의 말을 듣는 가장 효과적인 방법은 묻는 것이다. 재무제표를 보면서 끊임없이 질문하라.

"매출이 늘었는데 왜 이익은 줄었지?"

"현금은 많은데 왜 투자를 못 한다고 하지?"

"영업이익은 플러스인데 왜 영업활동 현금흐름은 마이너스지?"

"재고자산이 작년보다 2배 늘었네. 왜지?"

이런 질문들이 당신을 회계의 핵심으로 데려간다. 그리고 이 질문들은 교과서에 없다. 오직 당신 회사의 재무제표에만 있다.

한 유통회사의 대표는 분기 실적을 보고받을 때마다 '왜?'를 물었다.

"매출이 20% 증가했습니다."

"왜죠?"

"신규 점포가 10개 늘었습니다."

"신규 점포당 평균 매출은요?"

"기존 점포보다 30% 낮습니다."

"왜죠?"

"신규 지역이라 인지도가 낮아서입니다."

"그럼 점포를 하나 추가할 때마다 우리 수익성은 어떻게 변하죠?"

그는 '왜'를 통해 매출 성장의 질을 평가하는 법을 배웠다. 그럼으로써 단순히 점포 수를 확대하는 것보다 기존 점포의 생산성 향상이 더 중요하다는 결론에 도달했다.

질문 중심 학습으로 당신은 누군가가 가르쳐주기를 기다리는 게 아니라, 스스로 답을 찾아가게 된다. 그 과정에서 얻은 통찰은 누군가가 가르쳐준 지식보다 훨씬 깊고 오래 남는다. 더 중요한 것은 당신이 묻는 질문이 곧 당신의 회사가 마주한 실제 이슈라는 점이다.

셋째, 비교하면서 배워라

숫자 하나만 보면 아무 의미가 없다.

"우리 회사의 영업이익률은 15%입니다."

이게 좋은 건지 나쁜 건지 이 내용만으로는 알기가 쉽지 않다. 하지만 비교하는 순간, 숫자가 말하기 시작한다.

경쟁사와 비교하라. 우리는 15%인데 경쟁사는 25%다. 왜 차이가 날까? 비용 구조가 다른가? 제품 믹스가 다른가? 가격 전략이 다른가?

시간에 따라 비교하라. 작년에는 18%였는데 올해는 15%다. 무엇이 변했나? 원가가 올랐나? 가격 경쟁이 심해졌나?

업종 평균과도 비교하라. 우리 업종 평균은 20%다. 우리는 왜 낮은가?

한 IT서비스 기업의 CFO가 CEO에게 보고했다.

"우리 회사의 매출총이익률은 40%입니다."

CEO는 고개를 끄덕였다. 그런데 며칠 후 경쟁사의 실적 발표를 보고 깜짝 놀랐다. 경쟁사의 매출총이익률은 55%였다.

CEO는 즉시 회의를 소집해 "우리 회사와 경쟁사의 매출총이익률이 15%p 차이가 나는 이유를 찾아라"라고 지시했다. 팀은 분석을 시작했다. 원가 구조를 뜯어봤다. 프로젝트별 수익성을 조사했다. 인력 투입 효율성을 비교했다.

결과는 충격적이었다. 경쟁사는 표준화된 솔루션 판매가 70%였던 반면, 그들은 커스터마이징 프로젝트가 80%였다. 커스터마이징은 마진이 낮을 수밖에 없다. 원인을 파악한 CEO는 전략을 전환해 표준 솔루션 개발에 집중하기로 했다. 2년 후, 그들의 매출총이익률은 52%가 됐다.

비교 학습을 통해 당신은 벤치마크를 갖게 된다. '좋다, 나쁘다'라는 식의 추상적 판단이 아니라, '업계 상위 25%는 이 정도다. 우리는 여기 있다. 격차를 좁히려면 이것을 해야 한다'와 같은 구체적인 목표가 생긴다.

아울러 비교는 당신에게 겸손을 가르친다. 우리가 최고라고 착각하지 않게 해준다. 동시에 희망도 준다. 다른 회사가 해냈다면 우리도 할 수 있다는 동기부여가 생긴다.

넷째, 사례로 배워라

이론은 지루할 수 있지만 이야기는 재미있다. 애플의 재무제표를 보면 재고자산이 얼마나 적은지 놀랄 것이다. 왜 그럴까? 이유를 파고들면서 애플의 공급망 관리 철학을 이해하게 된다. 재고는 곧 묶인 현금이다. 애플은 현금을 사랑한다.

테슬라의 재무제표를 보라. R&D 비용과 자본적 지출이 엄청나다. 왜 그럴까? 테슬라가 추구하는 수직 통합 전략을 이해하게 된다.

우버의 상장 직전 재무제표를 보라. 누적 적자가 어마어마하다. 그런데 왜 투자자들은 열광했을까? 단위경제성과 네트워크 효과를 이해하게 된다.

한 스타트업 대표가 있었다. 그는 넷플릭스 팬이었다. 어느 날 넷플릭스 재무제표를 보다가 이상한 점을 발견했다. 매년 막대한 현금이 콘텐츠 제작에 투입되는데, 이게 손익계산서에서는 즉시 비용으로 처리되지 않고 자산으로 잡히는 것이다. 그러고는 수년에 걸쳐 상각된다.

"아, 이게 넷플릭스의 비밀이구나."

그는 깨달았다. 넷플릭스는 회계적으로 손익을 평준화하면서 투자자들에게 성장 서사를 팔 수 있었다.

이 통찰은 그의 사업에도 적용됐다. 그는 고객 획득 비용을 일시 비용이 아닌 자산 관점에서 보기 시작했다. 그리고 고객생애가치와 연결해 투자 의사결정을 했다.

다시 강조하지만, 당신은 단순히 회계 지식을 배우는 게 아니라 경영 전략을 배우는 것이다. 사례를 통해 성공한 기업들이 어떻게 재무를 관리하는지, 어떤 숫자에 집중하는지, 어떤 트레이드오프trade-off를 하는지 배울 수 있다. 그리고 그들의 실수도 본다. 엔론, 리먼 브라더스, 위워크의 재무제표를 보면서 어떤 신호를 놓치면 안 되는지 알게 된다.

다섯째, 점진적으로 배워라

한 번에 다 배우려 하지 마라. 가능하지도 않을뿐더러 그럴 필요도 없다.

- 1단계: 3대 재무제표(손익계산서, 재무상태표, 현금흐름표)가 뭔지 안다.
- 2단계: 각 재무제표의 핵심 항목 5개씩만 이해한다.
- 3단계: 당신 회사의 핵심 재무 지표 5개를 정한다.
- 4단계: 그 지표들을 매달 추적한다.
- 5단계: 업계 벤치마크와 비교한다.

여기까지만 해도 당신은 상위 20%의 리더가 될 수 있다.

서두르지도 마라. 3단계에서 6개월을 머물러도 좋다. 빠른 것보다 중요한 건 확실히 내 것으로 만드는 것이다.

한 제조업체 대표가 있었다. 그는 두꺼운 회계 원리 책을 구입해 야심차게 회계 공부를 시작했다. 첫날 50페이지를 읽었다. 둘째 날에는 30페이지, 셋째 날에는 10페이지를 읽었다. 일주일 후에는 포기했다.

"역시 나랑 안 맞아."

1년 후, 그는 다시 시도했다. 이번에는 달랐다. 매주 월요일 아침, CFO와 30분 미팅을 잡았다.

"이번 주는 매출총이익에 대해서만 이야기합시다."

그 주 내내 그는 매출총이익과 씨름했다. 다음 주는 판매관리비. 그다음 주는 영업이익.

12주 후, 그는 손익계산서를 읽을 수 있게 됐다. 하지만 그는 멈추지 않았고, 2년 후에는 이사회에서 재무에 가장 밝은 사람이 됐다.

점진적으로 학습하면 숫자에 압도당하지 않을 수 있다. 쉽게 포기하지도 않게 된다. 매주 작은 성장을 경험하면 자신감이 쌓인다. 무엇보다 점진적 학습은 지속 가능하다. 10년간 조금씩 배우는 사람이 1년간 집중적으로 배운 사람보다 결국 더 깊이 이해하게 된다.

이 5가지 방식으로 회계를 배운다면 6개월 후, 당신은 투자자 미팅에서 자신감 있게 숫자로 말하게 될 것이다.

1년 후, 당신은 이사회에서 재무 전략을 직접 설명할 수 있게 될 것이다.

2년 후, 당신은 CFO와 동등한 언어로 대화할 수 있게 될 것이다.

3년 후, 당신은 재무제표를 보는 순간 회사의 건강 상태를 직관적으로 파악할 수 있게 될 것이다.

이것이 리더를 위한 회계 학습법이다. 우리는 지금 회계사가 되려는 게 아니다. 회계를 '도구'로 사용하는 리더가 되려는 것이다. 그리고 이 여정에서 당신은 혼자가 아니다. 수많은 리더가 같은 길을 걸었고, 지금도 걷고 있다. 그들이 해냈다면, 당신도 할 수 있다.

다음 장에서는 구체적으로 재무제표를 어떻게 읽는지, 어떤 숫자를 봐야 하는지 하나씩 풀어가 보겠다. 하지만 기억하자. 이때도 목적은 숫자를 아는 것이 아니다. 그 숫자로 더 나은 결정을 내리는 것이다.

2장

회계는 개념이다

기업을 이해하는 3개의 지도
: 재무상태표, 손익계산서, 현금흐름표

"대표님, 이번 달 역대급 실적입니다. 신규 계약액만 10억 원을 돌파했어요!"

월요일 아침, 마케팅팀장이 흥분한 목소리로 보고한다. 그의 얼굴에는 자랑스러움과 뿌듯함이 가득하다. 몇 달이나 공들인 캠페인이 드디어 결실을 본 것이다. 보고를 받은 당신의 입가에도 흐뭇한 미소가 번진다.

'이 정도면 이번 분기 목표는 초과 달성하겠어.'

그런데 잠시 후, 재무팀장이 들어온다. 그의 얼굴에는 수심이 가득하다.

"대표님, 드릴 말씀이 있습니다. 다음 주에 지급해야 할 직원들 급여와 생산 대금을 맞추려면 자금이 빠듯합니다. 단기 대출이라도 알아봐야 할 것 같습니다.”

순간 머릿속이 하얘진다.

‘아니, 10억 원 계약을 따왔는데도 급여를 줄 돈이 부족하다니? 이게 도대체 어떻게 된 일이지?’

마케팅팀장이 말한 실적과 재무팀장이 걱정하는 자금은 왜 이렇게 다른 이야기를 하고 있는 걸까? 실제로 많은 기업의 리더가 이 딜레마 앞에서 길을 잃는다.

복잡한 지형을 탐험할 때 지도가 필수적이듯, 기업을 제대로 이해하려면 ‘회계’라는 지도가 필요하다. 우리 기업의 구체적인 현실은 외부의 어떤 기업과도 같지 않고, 그 모습을 가장 정확하게 담은 것이 기업 회계이기 때문이다.

만약 여행자가 지금까지 걸어온 여정의 기록만 가지고 있다면 목적지까지 얼마나 더 가야 하는지는 알 수 있지만, 수중에 식량과 장비가 얼마나 남았는지는 알 수 없다. 반대로 현재 내가 가진 자원 목록만 있고 여정의 기록이 없다면, 그저 제자리에 머물 수밖에 없다. 기업도 마찬가지다. 손익계산서만 가지고 있으면 내 자원의 현황을 알 수 없고, 재무상태표만 가지고 있으면 목적지가 어딘지 몰라 경영활동을 제대로 할 수 없다. 회계는 기업의 활동을 숫자로 기록하고 번역해 리더가 길을 잃지 않도록 돕는 가장 믿음직한 내비게이션이다.

기업을 경영하며 리더가 길을 잃지 않기 위해 가장 먼저 손에 쥐어야 할 핵심 지도는 재무상태표와 손익계산서다. 이 두 지도는 리더의 경영 대시보드를 구성하는 가장 중요한 도구이며, 서로 다른 관점에서 기업의 모습을 보여준다. 이 둘을 함께 봐야 비로소 기업의 건강 상태를 입체적으로 파악할 수 있다. 여기에 현금의 흐름을 확인하고 관리할 수 있는 현금흐름표까지, 리더에게는 이 3개의 지도가 필요하다.

첫 번째 지도, 재무상태표
: 우리 회사는 얼마나 튼튼한가?

재무상태표Balance Sheet, B/S는 특정 시점, 예를 들어 '2025년 12월 31일 현재' 우리 회사가 가진 재산이 얼마이고, 그 재산을 어떻게 마련했는지를 보여주는 스냅샷과 같다. 마치 건강검진일에 찍은 내 몸의 엑스레이 사진처럼, 특정 순간의 재무 건강 상태를 정적으로 보여준다.

재무상태표의 대원칙은 돈을 어떻게 마련했는지(오른쪽, 대변)와 그 돈으로 무엇을 가지고 있는지(왼쪽, 차변)가 언제나 일치해야 한다는 것이다. 그래서 '밸런스 시트'라고 불린다. 공식은 다음과 같다.

- 자산Assets = 부채Liabilities + 자본Equity

이 공식이 어렵게 느껴진다면, 우리가 5억 원 가격의 아파트를 산다고 상상해보자. 은행에서 3억 원을 대출받고(부채), 내 돈 2억 원(자본)을 보탰다. 즉 나의 총재산인 5억 원짜리 아파트(자산)는 은행 빚 3억 원(부채)과 진짜 내 돈 2억 원(자본)으로 이루어진 것과 같다. 이 원리가 기업에도 똑같이 적용된다.

이제 각 요소를 리더의 관점에서 좀 더 깊이 들여다보자.

자산: 회사의 총재산

회사가 사업을 하기 위해 소유하고 있는 모든 유·무형의 자원, 즉 미래의 수익을 창출하기 위해 투입할 수 있는 전략적 가용 자원이다. 자산은 다시 유동자산과 비유동자산으로 나뉜다.

- 유동자산Current Assets: 1년 안에 현금으로 바뀔 수 있는 단기적인 자산이다. 당장 쓸 수 있는 현금, 고객에게 곧 지불받을 매출채권, 팔기 위해 쌓아둔 상품인 재고자산 등이 이에 속한다. 유동자산은 회사의 단기적인 지급 능력과 직결된다. 유동자산을 검토하며 리더는 이런 질문을 던져야 한다.

  "우리가 가진 유동자산이 당장 갚아야 할 유동부채보다 충분히 많은가? 갑작스러운 위기가 닥쳤을 때 버틸 수 있는 현금이 있는가?"

- 비유동자산Non-current Assets: 현금화하는 데 1년 이상 걸리는 장기적인 자산이다. 공장, 기계, 사무실 건물 같은 유형자산이나 특허권, 브랜드 가치 같은 무형자산이 이에 속한다. 이는 회사의 장기적인 경쟁력과 생산 능력의 기반이다. 리더는 다음과 같이 물으며 비유동자산을 점검할 수 있다.

  "우리가 장기적으로 투자한 공장과 설비는 효율적으로

돌아가고 있는가? 이 투자 자산들이 충분한 이익을 만들어내고 있는가?"

부채: 갚아야 할 경제적 의무

'남의 돈'으로 조달한 재산이다. 적절한 레버리지는 성장의 발판이 되므로, 부채라 해서 무조건 나쁜 것은 아니다. 다만 과도한 차입은 회사를 위험에 빠뜨릴 수 있다. 부채도 다음과 같이 2가지로 구분할 수 있다.

- 유동부채Current Liabilities: 1년 안에 갚아야 하는 단기적인 채무다. 원재료 외상값인 매입채무, 1년 만기 단기차입금 등이 이에 속한다. 리더라면 이렇게 묻고 답해보자. "곧 만기가 돌아오는 유동성 부채의 규모는 어느 정도이며, 이를 상환할 계획은 명확한가?"
- 비유동부채Non-current Liabilities: 1년 이후에 갚아도 되는 장기적인 채무다. 장기차입금, 회사가 발행한 사채 등이 이에 속한다. 검토하면서 던질 질문은 다음과 같다. "우리의 전체적인 부채 규모는 자본에 비해 적절한 수준인가? 이자 부담은 감당할 만한가?"

자본: 기업의 순자산

총자산에서 모든 부채를 갚고 남는 실질적인 자산으로, 당신 회사의 순자산이자 재무적 안정성을 지탱하는 최후 보루다.

- 자본금Capital Stock: 주주들이 사업의 시작과 성장을 위해 처음 출자한 기초 자본이다.
- 이익잉여금Retained Earnings: 회사가 영업활동을 통해 벌어들인 이익을 주주에게 배당하지 않고 내부에 유보하여 쌓아둔 자금이다. 이는 회사의 '성장의 궤적'이다. 기초 자본(자본금)에 머물지 않고, 자체적인 수익 창출을 통해 형성된 견고한 펀더멘털(이익잉여금)과 같다. 이를 점검하려면 다음과 같은 질문을 던져보자.
  "우리 회사는 외부 투자에만 의존하고 있는가, 아니면 스스로 이익을 만들어가는 힘이 있는가? 우리의 성장 궤적은 매년 꾸준히 쌓이고 있는가?"

두 번째 지도, 손익계산서
: 그래서 얼마를 벌었나?

재무상태표가 특정 시점의 상태를 포착한 '사진'이라면, 손익계산서Income Statement, I/S는 특정 기간에 회사가 얼마를 벌었고 얼마를 썼는지를 보여주는 '영상'과 같다. 한 해 동안의 경영활동이 어떤 결과로 이어졌는지 보여주는 성과 보고서다. 단, 리더라면 최종 점수인 당기순이익만 볼 것이 아니라, 그 결과에 도달하기까지의 수익 구조와 비용의 흐름을 면밀히 분석해야 한다. 이익의 구성과 질을 단계별로 파악해야 비로소 회사가 가진 지속 가능한 수익 창출 역량이 보이기 때문이다.

작은 카페를 운영한다고 상상하며 이익의 단계를 따라가 보자.

(1단계) 매출액: 벌어들인 전체 돈

하루 동안 5,000원짜리 커피를 100잔 팔았다면, 매출액은 50만 원이다. 이것이 우리 카페의 외형이자 성장의 출발점이다.

[2단계] 매출총이익: 제품 자체의 경쟁력

커피 100잔을 만드는 데 들어간 원두, 우유, 컵 등 직접적인 재료비(매출원가)가 15만 원이었다고 하자. 매출액 50만 원에서 이 15만 원을 뺀 35만 원이 매출총이익이다. 이는 다른 모든 비용을 제하고, 순수하게 커피라는 제품 자체가 얼마나 마진이 남는지를 보여준다.

[3단계] 영업이익: 핵심 사업의 성적표

카페 운영에는 재료비만 드는 게 아니다. 바리스타 월급, 가게 월세, 전기료, 홍보 전단지 비용 등(판매비와 관리비)을 일별로 환산하니 20만 원이다. 매출총이익 35만 원에서 이 20만 원을 뺀 15만 원이 영업이익이다. 이것이 바로 카페 운영이라는 핵심 영업활동으로 벌어들인 진짜 성과다.

[4단계] 당기순이익: 회사의 최종 성적표

여기서 끝이 아니다. 카페를 차릴 때 빌렸던 대출 이자(영업외비용) 1만 원, 국가에 내야 하는 세금(법인세) 2만 원이 빠져나간다. 영업이익 15만 원에서 이 비용들을 모두 뺀 12만 원이 오늘 하루 최종적으로 당신 손에 남는 당기순이익이다.

리더는 이처럼 이익을 단계별로 분석하며 '우리 제품은 마진이 잘 남는가?(매출총이익)', '그래서 핵심 비즈니스로 돈을 잘 벌고 있는가?(영업이익)', '세금까지 다 내고 최종적으로 우리 손에 얼마가 남았는가?(당기순이익)'를 파악해야 한다. 그래야 회사의 수익성을 제대로 분석할 수 있다.

기업의 두 얼굴, '수익'과 '현금'

자, 이제 맨 처음의 딜레마로 돌아가자. 왜 10억 원의 수익이 났는데도 현금이 없다고 서로 다른 이야기를 할까? 그 비밀은 '발생주의Accrual Basis'라는 회계의 핵심 원칙에 있다.

발생주의란, 현금이 실제로 오고 갔는지와 관계없이 거래가 발생하여 권리나 의무가 확정된 시점에 수익과 비용을 인식하는 방식이다. 즉 회계가 수익을 인식하는 기준은 현금의 입금이 아니라, 재화나 용역의 제공이 완료되어 돈을 받을 권리가 확정된 시점이다. 예를 들어 12월에 1년 치 잡지 구독 계약(12만 원)을 맺었다면, 현금은 12만 원이 한 번에 들어왔지만 회계상으로는 매달 1만 원의 수익만 기록한다. 반대로

12월에 쓴 사무실 전기료는 다음 해 1월에 납부하더라도, 비용은 12월에 발생한 것으로 기록한다.

이는 일정 기간 기업이 거둔 경영 성과를 현금의 입금과 출금 시기와 무관하게 왜곡 없이 보여주기 위한 합리적인 약속이다. 만약 현금이 들어올 때만 수익으로 잡는다면(현금주의), 연말에 계약을 몰아서 하고 돈을 미리 받으면 실적이 갑자기 좋아 보이는 착시 현상이 발생할 수 있다. 발생주의는 이런 왜곡을 막고, 기업의 진짜 실력을 공정하게 평가하기 위한 장치다.

이런 발생주의 원칙에 따라, 예컨대 10억 원어치 물건을 외상으로 파는 순간 우리 회사는 10억 원을 벌었다고 손익계산서에 기록한다. 비록 고객사로부터 돈이 다음 달이나 그다음 달에 들어오더라도 말이다. 손익계산서에는 10억 원의 수익이 찍혔지만, 재무상태표의 현금 계좌에는 아직 1원도 없을 수 있는 것이다.

이 시차 때문에 '흑자도산'이 발생하기도 한다. 고객들에게 서비스를 제공하고 매출을 인식했지만 대금 회수가 지연될 경우 또는 공격적인 마케팅과 인력 채용으로 현금 지출은 급격히 늘어났는데 매출을 현금화하는 속도가 이를 따라가지 못할 경우 이런 일이 벌어진다. 이익은 숫자로만 존재할 뿐, 실제 현금은 계속해서 빠져나가고 있었던 것이다. 즉 장부상으로는 충분한 수익을 거둔 것으로 나타나는데, 정작 가용할 수 있는 현금은 바닥난 상황과 같다.

그래서 리더는 손익계산서와 재무상태표라는 2개의 지도를 항상 함께 봐야 한다. 손익계산서를 통해 '우리가 얼마나 성과를 내고 있는가?(수익성)'를 확인하고, 동시에 재무상태표를 통해 '그래서 우리의 현금 상황은 안전한가? 재산 상태는 튼튼한가?(안정성)'를 점검해야 한다. 이익과 현금, 수익성과 안정성이라는 기업의 두 얼굴을 모두 균형 있게 바라보는 것이 리더가 갖춰야 할 가장 기본적인 회계 감각이다.

그리고 이 발생주의 원칙에 따라 성과를 제대로 측정하기 위해서는 인위적으로 기간을 끊어서 보아야 한다. 이것이 바로 '결산'이다. 1년 혹은 1분기라는 기간을 설정하고 그동안 발생한 모든 수익과 비용을 집계해 성과를 평가하는 것이다. 결산이 있기에 우리는 특정 기간의 활동 영상인 손익계산서와 특정 시점의 스냅샷인 재무상태표를 가질 수 있다.

세 번째 지도, 현금흐름표
: 우리 돈은 어디서 와서 어디로 흘러갔나?

'발생주의'와 '결산' 과정에서 불가피하게 현실의 현금 흐름과 괴리가 생긴다. 이 간극을 메우고 현금의 흐름을 들여다보게 해주는 것이 바로 세 번째 지도, 현금흐름표Cash Flow Statement다.

이익은 회계기준에 따라 인식되는 개념이지만, 현금은 단 한 순간도 멈춰서는 안 되는 기업의 '혈액'과 같다. 아무리 이익을 많이 내더라도 현금이 없으면 기업은 운영될 수 없다. 특히 매출채권 회수 기간이 길거나, 대규모 선투자가 필요한 사업 모델을 가진 기업일수록 현금흐름 관리는 생존과 직결되는 핵심 과제다. 따라서 경영자는 손익계산서의 이익 숫자뿐 아니라 현금흐름표를 통해 기업의 실제 현금 잔고와 흐름을 면밀히 관찰해야 한다.

재무상태표가 기업의 '건강 상태(스냅샷)'를, 손익계산서가 '경영 성과(활동 영상)'를 반영한다면 현금흐름표는 기업의 '혈액순환 과정'을 보여준다. 일정 기간 회사의 현금이 어디서 들어와inflow 어디로 나갔는지outflow를 낱낱이 추적한 보고서로, 개인의 가계부나 은행 입출금 내역서와 비슷하다고 볼 수 있다.

현금흐름표는 기업의 활동을 크게 3가지로 나누어 보여준다.

- 영업활동 현금흐름: 회사의 핵심 사업을 통해 실제로 벌어들인 현금이 얼마인지를 보여준다. 손익계산서의 당기순이익이 아무리 높아도 영업활동 현금흐름이 마이너스라면 흑자도산의 경고 신호일 수 있다. 이는 물건은 외상으로 많이 팔았지만, 정작 돈은 제대로 거둬들이지 못하고 있다는 뜻이기 때문이다. 건강한 기업은 이 숫자가 꾸준히 플러스를 기록한다.
- 투자활동 현금흐름: 미래 성장을 위해 돈을 어디에 사용했는지를 보여준다. 공장 또는 설비를 도입하거나 다른 회사에 투자하면 현금이 빠져나가므로 마이너스(-)로 표시된다. 성장하는 기업은 미래를 위한 투자를 지속해야 하므로 이 항목이 마이너스인 경우가 일반적이며, 이는 회사가 미래가치를 위해 자원을 투입하고 있다는 신호다. 반대로 가진 자산을 팔아 현금을 확보하고 있다면 플

러스(+)로 표시되는데, 이는 비핵심 자산을 매각해 재무 구조를 개선하거나 유동성을 확보하려는 전략적 선택으로 해석할 수 있다.

- 재무활동 현금흐름: 사업에 필요한 자금을 외부에서 어떻게 조달하고 갚았는지를 보여준다. 투자를 받거나 은행에서 돈을 빌리면 현금이 들어오므로 플러스(+)가 된다. 반대로 빚을 갚거나 주주에게 배당금을 지급하면 현금이 나가므로 마이너스(-)가 된다.

리더는 영업활동, 투자활동, 재무활동이라는 3가지 현금흐름을 조합함으로써 회사의 현재 스토리를 읽을 수 있어야 한다. 예를 들어 (+)영업활동, (-)투자활동, (+)재무활동이라면 '핵심 사업으로 돈을 잘 벌고 있고(영업+), 그 돈과 외부 투자금을 합쳐 미래를 위한 투자를 공격적으로 하고 있구나(투자-, 재무+)'라고 해석할 수 있다. 건강한 성장 기업의 모습이 그려지지 않는가?

숫자 너머를 보는 3가지 렌즈
: 안정성, 수익성, 효율성

이제 우리는 재무상태표, 손익계산서 그리고 현금흐름표라는 3개의 지도를 모두 손에 쥐었다. 하지만 각각의 지도를 따로 봐서는 전체 지형을 알 수 없다. 이 3개의 지도를 종합적으로 해석하려면 3가지 특별한 렌즈를 사용해야 한다. 훌륭한 의사가 다양한 지표를 종합적으로 보며 몸의 상태를 진단하듯, 리더 역시 이 렌즈들을 통해 기업의 재무 건강을 입체적으로 들여다봐야 한다.

안정성 렌즈: 우리 회사는 위기에 얼마나 잘 버틸 수 있는가?

안정성은 주로 재무상태표를 통해 확인하며, '회사의 재무 구조가 얼마나 튼튼한지' 그리고 '갑작스러운 위기가 닥쳤을 때 버틸 체력이 있는지'를 알려준다. 안정성을 점검하는 공식은 다음 2가지다.

- 부채비율Debt-to-Equity Ratio: (총부채 ÷ 총자본) × 100

  가장 대표적인 안정성 지표로, 회사의 총자산 중 '타인자

본(부채)'과 '자기자본(자본)'의 구성 비율을 뜻한다. 일반
적으로 100% 이하면 이상적으로, 200% 이하면 양호하
다고 보지만, 산업의 특성에 따라 기준은 달라질 수 있다.
이 비율이 너무 높으면 이자 부담이 커지고, 경기가 나빠
졌을 때 채무를 갚지 못할 위험이 커진다. 리더는 우리 회
사의 부채비율이 경쟁사나 산업 평균에 비해 어떤 수준
인지 항상 점검해야 한다.

- 유동비율Current Ratio: (유동자산÷유동부채)×100
  회사의 단기적인 지급 능력이다. 1년 안에 갚아야 할 빚
  (유동부채)에 비해 1년 안에 현금화할 수 있는 자산(유동
  자산)이 얼마나 많은지를 나타낸다. 이 비율이 100% 미
  만이라면, 단기 부채를 상환할 능력이 부족하다는 위험
  신호일 수 있다. 유동비율이 높을수록 단기적인 자금 압
  박에서 자유롭다.

수익성 렌즈: 얼마나 효율적으로 이익을 내고 있는가?

수익성은 손익계산서를 통해 확인할 수 있으며, '우리 회
사가 얼마나 장사를 잘해서 마진을 남기고 있는지'를 보여
준다.

- 영업이익률Operating Profit Margin: (영업이익÷매출액)×
  100

  회사의 핵심적인 영업활동의 효율성을 보여주는 가장 중요한 지표다. 1,000원어치 물건을 팔았을 때 원가와 인건비, 임대료 등 모든 영업 관련 비용을 제하고 순수하게 남는 이익이 얼마인지를 보여준다. 옆 가게와 똑같이 하루 100만 원의 매출을 올려도 우리 가게의 영업이익률이 더 높다면 우리 가게가 더 효율적으로 사업을 운영하고 있다는 뜻이다. 이 비율이 꾸준히 상승한다면 기업의 브랜드 가치가 높아지거나 비용 통제 능력이 향상되고 있다는 긍정적인 신호로 해석할 수 있다.

- 자기자본이익률Return on Equity, ROE: (당기순이익÷자기
  자본)×100

  '주주'의 관점에서 가장 중요한 지표다. 주주들이 투자한 돈(자본)을 가지고 회사가 1년 동안 얼마나 많은 이익을 만들어냈는지를 보여준다. 워런 버핏이 투자를 결정할 때 가장 중요하게 보는 지표 중 하나로, ROE가 꾸준히 높다면 그 회사가 주주의 돈을 매우 효율적으로 운영하고 있다고 볼 수 있다.

효율성 렌즈: 가진 자원을 얼마나 잘 굴리고 있는가?

효율성Efficiency은 활동성Activity이라고도 하며, 손익계산서와 재무상태표를 연결해 '회사가 가진 자산을 얼마나 빠르고 효과적으로 활용하여 매출을 창출하고 있는지'를 보여준다.

- 총자산회전율Total Asset Turnover: 매출액÷총자산

  회사가 보유한 총자산(공장, 설비, 재고 등)을 얼마나 효과적으로 사용해 매출을 일으켰는지를 나타낸다. 1억 원의 자산으로 2억 원의 매출을 올렸다면(회전율 2), 1억 원의 자산으로 1억 원의 매출을 올린(회전율 1) 회사보다 2배 더 효율적이라 판단할 수 있다.

- 재고자산회전율Inventory Turnover: 매출원가÷평균 재고자산

  재고가 얼마나 빨리 팔려나가는지를 보여주는 지표다. 이 회전율이 높을수록 재고가 쌓이지 않고 빠르게 판매되고 있다는 의미이며, 반대로 이 비율이 낮다면 상품이 잘 팔리지 않거나 너무 많은 재고를 쌓아두고 있다는 위험 신호로 해석할 수 있다. 팔리지 않는 재고는 그 자체로

보관 비용을 발생시키고 현금을 묶어두는 주범이다.

3가지 렌즈로 완성하는 입체적 시각

이제 우리는 3개의 지도와 3가지 렌즈를 모두 갖추었다. 리더는 이 렌즈들을 따로따로 사용하는 것이 아니라, 3개의 지도를 넘나들며 기업의 건강 상태를 종합적으로 진단해야 한다. 예컨대 3가지 렌즈에 비추어 당신의 회사를 다음과 같이 진단할 수 있다.

- 수익성은 높지만 안정성이 낮은 회사: 외줄타기를 하며 많은 돈을 버는 곡예사와 같다. 지금 당장은 화려해 보이지만, 작은 실수나 외부 충격 한 번에 모든 것을 잃을 수도 있다. (고위험·고수익 스타트업의 초기 모습)
- 안정성은 높지만 수익성과 효율성이 낮은 회사: 막대한 재산을 은행 예금에만 넣어두고 아무것도 하지 않는 은퇴한 부자와 같다. 망할 위험은 적지만, 성장도 멈춰버린 상태다. (변화에 둔감한 전통 대기업의 모습)
- 안정성과 수익성은 좋지만 효율성이 떨어지는 회사: 성능 좋은 자동차를 가지고 1단 기어로만 달리는 운전자와

같다. 잠재력을 제대로 발휘하지 못하고 있는 것이다.

건강한 기업은 이 3가지 측면이 균형을 이룬다. 안정적인 재무 구조(안정성)를 바탕으로 실제 현금을 벌어들이면서, 효율적으로 자산을 활용해(효율성), 높은 마진의 이익(수익성)을 꾸준히 창출하는 기업. 이것이 바로 모든 리더가 지향해야 할 목표다.

당신의 회사와 경쟁사를 비교 진단하라

숫자를 이해하는 가장 강력한 방법 중 하나는 절댓값이 아닌 상댓값, 즉 비교를 통하는 것이다. 이제 당신의 회사와 경쟁사(또는 당신이 관심을 갖고 있는 회사)의 재무제표를 준비하라.

1단계: 두 회사의 재무상태표와 손익계산서를 한 화면에 띄워라.

2단계: 3가지 렌즈로 두 회사를 동일하게 측정하라.

- 안정성 렌즈: 두 회사의 부채비율을 각각 계산하라.
- 수익성 렌즈: 두 회사의 영업이익률을 각각 계산하라.
- 효율성 렌즈: 두 회사의 총자산회전율을 각각 계산하라.

3단계: 차이를 발견하고 '왜?'라고 질문하라. 숫자 자체는 중요하지 않다. 그 차이를 분석해보자.

3장

회계는
관찰이다

"저는 제 회사가 보이지 않습니다"

얼마 전에 스타트업을 운영하는 후배가 나를 찾아왔다. 단백질보충제 브랜드를 시작으로 홈트레이닝 앱 구독 서비스 그리고 최근에는 스마트 운동기구 렌털 사업까지 성공적으로 확장하고 있는 멋진 친구다. 자기 사업에 대한 깊은 이해와 강한 자신감은 기본이고, 사람들과의 유대감도 높고 네트워킹도 활발하다. 이제 다음 단계로 나아가기 위한 투자 유치가 한창이라고 했다.

그런데 그가 깊은 고민을 털어놓았다.

"회사를 설립한 지 5년이 넘었고 비즈니스 모델도 3가지로 확장하고 있는데, 아직 회계팀을 제대로 세팅하지 못했어

요. 초기 멤버인 인사팀장과 외부 기장업체에서 연간 재무제
표를 작성하고, 분기마다 결산을 검토하는 정도입니다.”

그의 고민은 이것이었다.

“투자자들은 숫자를 바탕으로 저희 비즈니스를 설명해주
길 원하고, 저 또한 회사의 미래 상황을 추정하고 자금 상황을
살펴보고 싶은데, 현재의 재무 자료만으로는 비즈니스의 실
질적인 상황을 파악하기 어렵습니다. 단백질보충제 사업에서
수익이 나는 것인지, 스마트 운동기구 렌털 사업에서 손실이
발생하는 것인지, 제 회사의 상황이 저에게도 보이지 않아요.”

투자자 앞에서 “우리가 운영하는 3개 사업 모두 잘되고
있습니다”라고 두루뭉술하게 말할 수는 없다. “A사업은 영업
이익률 30%로 캐시카우 역할을 하고 있고, B사업은 적자지만
신규 고객이 매달 50%씩 늘어나고 있으며, C사업은 손익분기
점에 다다르고 있습니다”와 같이 ‘숫자’로 말해야 한다.

더 큰 문제는 미래다. 그는 지금 ‘어느 사업에 투자를 집
중해야 하는가?’, ‘어느 사업이 사실은 밑 빠진 독인가?’, ‘나는
지금 성공을 확장하고 있는가, 실패를 확장하고 있는가?’라는
가장 중요한 전략적 질문에 답을 할 수 없는 상황이다.

재무제표가 있는데도 왜 회사 상황을 제대로 파악하지

못하는 걸까? 숫자는 있지만 그 숫자가 무엇을 의미하는지 모르고, 장부는 있지만 그 장부가 나의 어떤 경영활동을 반영하는지 연결하지 못하는 이유는 무엇일까?

그 이유는 간단하다. 이 후배는 자신의 3가지 사업이 각각 어떻게 돌아가는지 파악하고 싶었지만, 인사팀과 외부 기장업체가 만든 재무제표와 결산 자료에는 사업별 성과가 구분되지 않은 전체 사업의 합산된 최종 숫자만 제시되어 있었다. 즉 그가 가진 자료는 과거를 '기록'한 문서이지, 리더의 전략적 판단을 돕기 위해 비즈니스 현장을 다각도로 '관찰'한 자료가 아니었던 것이다.

당신의 회계팀은 '기록자' 인가, '관찰자' 인가?

'회계팀'이라는 용어를 들으면 어떤 이미지가 떠오르는가? 많은 사람이 이런 모습을 그릴 것이다. 거래처 세금계산서를 전달하고 돈을 이체해주는 팀, 출장 경비 영수증을 하나하나 따져가며 정산해주는 팀, 연말이면 예산을 수립하라 하고, 돈을 쓰고자 할 때면 예산에 포함되어 있는지, 승인은 받았는지 꼬치꼬치 물으며 일의 진행에 제동을 걸곤 하는 팀… 많은 사람이 회계팀을 비즈니스의 최전선이 아닌, 비즈니스 현장 뒤편에서 행정 처리를 하는 지원 조직으로 본다.

그렇다면 경영자인 당신은 회계팀을 어떻게 바라보고 있는가? 사업 초기에는 자금과 세무를 직접 챙기다가도 회사가 커지면 외부에 맡기거나 회계 담당자를 채용해 조직화하기 마련이다. 그러면서 무의식중에 이렇게 주문했는지도 모른다.

"나는 성장에 집중할 테니, 회계와 자금이 문제없이 잘 돌아가게만 해줘."

이런 인식을 가진 경영자에게 회계팀의 역할은 명확하다. 판매 대금을 잘 받고, 구매 대금을 잘 지급하고, 매월 장부를 마감하고, 세금을 문제없이 처리하는 것. 즉 회사 성장을 위한 가치를 만들어내지는 않지만 없어서는 안 되는 관리 기능 정도로 간주한다. 회계팀을 비용 센터로 규정하는 순간, 그들에게 기대하는 역할은 '단순 집행'과 '리스크 관리'에 머무른다. 사업활동 뒷단의 이 업무는 문제없이 처리되어야 하고, 회계팀에서 알아서 할 일이라고 선을 긋는다.

심지어 회계팀에서 일하는 이들조차 스스로를 '기록자'의 역할에 가둔다. 숫자는 1원도 틀리면 안 된다는 강박 속에,

기능적 정확성에만 골몰한다. 현업 팀이 회사의 자원으로 성과를 내고 성장 서사를 만들어갈 때, 자신들은 그 자원이 규정에 맞게 쓰이는지 감시하고 기록하는 데만 집중해야 한다고 생각한다. 숫자는 반드시 딱 떨어져야 하고 오차가 없어야 하기에 '내러티브'나 '스토리'가 끼어들 여지가 없다고 생각하는 것인지도 모른다.

하지만 바로 그 숫자 속에 회사가 어떤 사업에 명운을 걸었고, 시기별로 매출과 이익 어디에 집중했는지, 그래서 그 결과는 어떠했으며 우리 회사의 활동을 어떻게 평가할 수 있는지가 모두 들어 있다. 말 그대로 회사의 모든 내러티브와 스토리가 내포되어 있는 것이다. 회계를 읽는다는 건 이처럼 숫자에 숨겨진 '이야기'를 읽는 것이다.

회계와 재무를 기능적으로만 이해한 나머지, 그것이 경영 전략과 어떻게 연결되는지, 이 숫자와 데이터로 현업 팀의 어떤 의사결정을 도울 수 있는지까지 나아가지 못하는 경우를 너무나 많이 봐왔다. 회계팀의 역할을 제대로 이해하지 못하는 동료들과 경영자가 바라보는 딱 그 수준만큼 스스로 역할을 축소해버린 것이다. 직원, 경영자 그리고 회계 담당자 자신까지, 모두가 회계를 '과거의 일을 기록하고 처리하는 기능'

으로만 본다면, 회계가 가진 강력한 힘의 절반도 활용하지 못하게 된다.

관찰의 프레임: 매출, 자원, 이익

그렇다면 회계의 힘을 오롯이 쓰기 위해 경영자는 무엇을 해야 하는가? 답은 '기록'된 숫자를 '관찰' 가능한 정보로 재가공하는 것이다. 복잡한 회계 계정과목 전체를 이해할 필요는 없다. 경영자는 3개의 축으로 바라보는 프레임워크를 가져야 한다. 새로운 회사를 맡거나 자문을 요청받을 때 내가 가장 먼저 하는 일도 이것이다. 그 회사의 복잡한 재무제표를 경영자가 이해할 수 있도록 다음과 같이 3가지 축으로 재분류한다. 이는 비즈니스의 활동과 성장을 관찰하는 가장 기본적인 프레임워크다.

- 매출Top-line: 우리 회사가 시장에서 돈을 벌어들이는 모든 활동의 결과
- 자원Resource: 그 매출을 만들고 회사를 운영하기 위해 투

입한 모든 비용과 투자

- 이익Bottom-line: 매출에서 모든 자원을 제하고 최종적으로 남은 순수한 성과

이 프레임워크가 중요한 이유는 경영자의 관점을 바꿔주기 때문이다.

특히 두 번째 축인 '비용Cost'을 '자원Resource'으로 바꿔 부르는 것은 매우 의식적인 선택이다. '비용'은 흔히 통제하고 줄여야 할 대상으로 여겨져 수동적이고 비생산적인 뉘앙스를 갖는다. 하지만 '자원'은 목표를 달성하기 위해 전략적으로 배분하고 투자하는 대상이다. 즉 능동적이고 생산적인 의미를 담는다. 이 프레임 안에서 인건비는 매달 나가는 막대한 '비용'이 아니라, 우리가 채용한 인재의 역량에 투자하는 '자원'이다. 마케팅비는 효과를 측정하기 어려운 '비용'이 아니라, 미래의 고객을 데려오기 위해 투자하는 '자원'이다. R&D 또한 불확실한 '비용'이 아니라, 미래를 준비하는 '자원' 투자다. 이처럼 용어 하나를 바꾸는 것만으로도 경영자의 의사결정 방식이 완전히 달라진다.

　3개의 축이 정리되면 회계를 몰라도 관찰할 수 있다. 진정한 관찰은 이 3개의 축을 유기적으로 보는 것이다. 단순히 '매출이 늘었다' 또는 '비용을 줄였다'를 보는 것이 아니다.

　그렇다면 '매출'만 보는 리더는 어떻게 될까? 수익 없는 성장의 함정에 빠지기 쉽다. 마진이 1%도 남지 않는 계약을 따내고도 매출이 올랐다고 자축하는 리더가 된다. '이익'만 보는 리더는 또 어떤가? 그는 당장의 이익을 위해 R&D 투자를 전액 삭감하고 미래를 팔아버린다.

　그래서 우리는 세 축을 연결해서 봐야 한다.

　'앱 구독 서비스(매출)를 늘리기 위해 마케팅비(자원)를 투입한 결과가 유의미한 이익의 증분으로 연결되었는가?'

　이 3가지를 연결해 관찰하지 않으면, 숫자를 눈앞에 두고도 여전히 '감'에 의존해 회사를 운영하게 된다.

　회사가 보이지 않는다던 후배의 문제는 명확했다. 그의 재무제표와 결산 서류에는 단백질보충제, 구독, 렌털 사업이 모두 뒤섞인 하나의 매출, 자원, 이익만 존재했다. 그러니 회사가 보일 리 없었다. 그가 해결해야 할 첫 번째 과제는 이 세 덩어리를 사업부별로 나누어 '관찰'할 수 있게 만드는 것이었다.

관찰의 핵심 열쇠
: '수량×가격'이라는 분해 도구

매출, 자원, 이익이라는 3가지 축 프레임워크를 가졌다면, 이제 그 숫자가 '어떻게' 만들어졌는지 살펴볼 차례다. 재무제표의 최종 숫자는 목적지의 좌표다. 하지만 그곳에 어떻게 도착했는지 경로를 모른다면, 다음 여정을 계획할 수 없다. 예를 들어 '이번 달 매출 10억 원'이라는 숫자는 그 자체로 아무것도 말해주지 않는다.

모든 매출과 비용은 궁극적으로 수량Quantity과 가격Price의 조합으로 이루어진다. 이 'Q×P'라는 분해 도구야말로 복잡한 회계 숫자를 비즈니스의 구체적인 활동과 연결하는 핵심 열쇠다.

'이번 달 매출이 10% 상승했습니다'라는 '기록'은 단순한 '현상'에 불과하다. 리더는 이렇게 '관찰'해야 한다.

"그 10% 상승은 구독 고객 수Q가 늘어난 덕분입니까, 아니면 구독료P를 올린 덕분입니까?"

만약 가격P은 그대로인데 고객 수Q가 늘었다면, 이는 시장점유율이 상승하는 건강한 성장 신호다. 반대로 고객 수Q

는 정체인데 구독료^{P}만 올려 만든 매출이라면, 이는 성장이 아닌 위험 신호일 수 있다. 똑같은 매출 상승이라도 이 둘은 전혀 다른 전략적 판단을 요구한다.

예를 들어 '보충제의 원가가 전월 대비 5% 상승했다'라고 가정해보자. 리더는 다음과 같은 '관찰'의 질문을 던져야 한다.

"이 원가 상승이 투입된 수량^{Q}의 증가 때문입니까, 아니면 원재료의 단가^{P}가 올랐기 때문입니까?"

만약 매출 성장에 따라 구매 수량^{Q}이 늘어난 것이라면 이는 자연스러운 현상이지만, 보충제의 단가^{P}가 오른 것이라면 공급 과정에 문제가 생겼거나 환율 리스크가 발생했다는 신호일 수 있다.

이 분해 도구는 마케팅비의 집행 내역을 들여다볼 때도 매우 유용하다. 디지털 마케팅 환경에서는 모든 광고활동이 데이터로 남기 때문에 단순한 지출액 이상의 정밀한 관찰이 가능하다. 예를 들어 '광고비로 1억 원을 집행했다'라는 기록을 디지털 마케팅의 성과 지표로 분해해보자. 그러면 '100만 명에게 광고를 노출^{Q}했고, 노출 1회당 단가^{P}는 100원이었다'라거나, '1,000명의 신규 고객^{Q}을 확보했고, 고객 1인당 획득 비용^{P}은 10만 원이다'라는 관찰이 가능하다.

이처럼 Q와 P로 분해하는 과정을 통해, 그 자체로는 의미가 없던 숫자가 '전략적 질문'을 만들어내는 원천이 된다. 숫자를 분해하는 순간, 리더는 비용을 전략적 관점으로 바라볼 수 있게 된다. 이것이 회계 숫자를 비즈니스 활동과 연결하는 힘이다.

관찰은 '시스템'이 아닌 '태도'다

많은 경영자가 이 지점에서 "우리는 그런 걸 볼 수 있는 ERP 등의 시스템이 없습니다"라고 말한다. 하지만 그건 본질이 아니다. '도구의 부재'가 '관찰의 부재'에 대한 변명이 될 수는 없다. 관찰은 '시스템'이 아니다. 그것은 경영자의 '태도'다. '나는 우리 비즈니스가 어떻게 돌아가는지 숫자로 알아야겠다'라는 절박한 마음이 관찰을 가능케 한다.

회계를 잘한다는 것은 회계기준에 대한 이해가 높고 계산이 빠르다는 뜻이 아니다. 물론 기본적인 지식은 필요하다. 하지만 진짜 핵심은 숫자에 담긴 의미를 파악하고, 흐름을 읽고, 그 이면의 이야기를 이해하는 능력, 즉 회계적 관찰력이다. 이 관찰력의 깊이는 기술이 아닌 태도에서 결정된다.

태도라고 하니 괜히 거창해 보이고 모호하게 느껴질 수 있는데, 어렵게 생각할 필요 없다. 여기서 말하는 태도란 바로 이런 것들이다.

첫째는 호기심이다. '이 숫자는 왜 이렇게 나왔을까?', '지난달과 무엇이 달라졌지?', '이 추세가 계속된다면 3개월 뒤 우리는 어떻게 될까?'와 같이 숫자를 보고 그냥 지나치지 않고 끊임없이 질문하는 것이다. '어? 뭔가 이상한데?'라고 느끼는 감각 그리고 그 이상함을 파고드는 집요함이 관찰의 시작이다.

둘째는 정직하게 마주할 용기다. 회계가 보여주는 현실은 종종 불편하다. 매출 감소, 이익 하락, 비용 증가. 우리가 듣고 싶은 이야기가 아닐 때가 많다. 외면하고 싶고, '일시적인 현상일 거야'라며 좋은 쪽으로만 해석하고 싶은 유혹이 든다. 하지만 경영자는 그 불편한 진실을 가장 먼저, 가장 정직하게 마주해야 한다. 문제가 있다는 것을 인정해야 해결책을 찾을 수 있다. 관찰은 때로 고통스럽지만, 그 고통을 회피하면 더 큰 위기를 맞을 수도 있다.

셋째는 패턴을 찾는 습관이다. 기록된 숫자를 흩어진 점으로 보지 않고, 연결하여 선으로, 더 나아가 패턴으로 보려는 노력이 필요하다. 매출, 비용 등의 변화를 시간 순서대로 비교하며 규칙성을 찾고, 그 규칙성이 깨지는 지점을 포착하는 눈이 필요하다. '왜 유독 3분기에 재고가 급증했지?', '특정 마케팅 채널의 효율이 하락하고 있군'과 같이 디테일을 무시하지 않고 작은 변화 속에서 큰 흐름의 단서를 발견하려는 집중력이 회계적 관찰력을 날카롭게 만든다.

넷째는 생각하는 습관이다. '우리는 왜 이 숫자를 보고 있는가?', '이 숫자가 우리에게 궁극적으로 무엇을 말해주고 있는가?', '그래서 우리는 무엇을 해야 하는가?'와 같이 단순히 숫자를 확인하는 것을 넘어, 그 숫자가 우리에게 던지는 의미와 방향성을 곱씹어보자. 기록자는 '매출 목표를 달성했다'라고 보고하지만, 관찰자는 '우리는 어떤 요인들로 목표를 달성했는가? 요인별로 더 개선할 여지는 없는가?'까지 생각을 발전시켜야 한다.

나는 후배에게도 이 '태도'에 대해 조언했다. 지금 당장 비싼 시스템을 도입하거나 CFO를 뽑으려 애쓰지 마라. 먼저 스프레드시트를 열고 보충제 판매와 구독, 렌털이라는 3가지 사업별로 매출, 자원, 이익을 나누어보라. 그리고 각 사업의 매출을 고객 수Q와 고객당 단가P로 나누어보라. 이 단순한 작업만으로도, 눈에 보이지 않는다던 회사의 상당 부분이 보이기 시작할 것이다.

이제 경영자인 당신이 회계를 토대로 가장 먼저 해야 하는 일이 '관찰'임을 알았을 것이다. 회계팀이 가져온 보고서를 수동적으로 '보는 것'이 아니라, 그 보고서를 대화의 '시작점'으로 삼아야 한다.

"왜 이 숫자가 나왔습니까?"

"이 숫자를 사업부별로 나누어 보여주세요."

"수량Q과 가격P 중에 무엇의 변화입니까?"

"이 추세가 계속되면 3개월 뒤 우리 현금 상황은 어떻게 되나요?"

이처럼 질문하고 답을 찾는 것이 리더의 역할이다.

나아가 회계팀을 단순한 '기록자'로 남겨두지 마라. 그들을 회사의 가장 날카로운 '관찰자'이자 전략 파트너로 만들어야 한다. "우리 사업의 어느 부분이 잘되고 있고, 어느 부분에서 돈이 새고 있는지 함께 찾아봅시다"라고 미션을 주어야 한다.

　그 변화는 '내 회사가 보이지 않는다'라는 리더의 절박한 자기 인식에서 시작된다. 그리고 그 변화는 숫자를 향해 던지는 리더의 첫 번째 질문으로 구체화된다. 숫자는 거짓말을 하지 않지만, 우리가 무엇을 보려고 하는지에 따라 현실과 전혀 다른 이야기를 들려줄 수 있다. 우리가 회계에 기대하는 '진실'은 숫자가 아니라 당신의 '관찰하는 태도'에 달려 있다.

당신의 첫 번째 '관찰' 시작하기

여기까지 읽었다면 당신의 책상으로 돌아가 당장 '관찰'을 시작해보라. 거창한 시스템은 필요 없다. 스프레드시트 하나면 충분하다.

1단계: 가장 중요한 숫자 하나를 선택하라.

회사의 총매출액이든, 당신이 속한 팀의 제품 매출액이든 상관없다. 가장 중요하다고 생각하는 숫자 하나만 정하자.

2단계: 수량 Q과 가격 P으로 분해하는 질문을 던져라.

그 숫자를 보고 스스로에게 혹은 담당 실무자에게 이렇게 구체적으로 질문하라.

"지난달 대비 매출이 10% 증가했습니다. 이 성장은 정확히 무엇이 변한 결과입니까?"

"판매량 Q이 늘었습니까, 아니면 평균 가격 P이 올랐습니까?"

"단가P를 낮추는 공격적인 프로모션을 진행했는데, 그만큼 판매량Q이 충분히 늘어나 전체 매출과 수익을 견인했습니까?"

3단계: 답을 찾고, 다음 질문을 하라.

만약 판매량Q이 늘어난 것이라면 그 원인은 신규 고객의 유입인가, 기존 고객의 재구매율 증가인가? 만약 가격P이 하락한 것이라면 그것은 의도된 프로모션의 결과인가, 경쟁에 따른 마진 축소인가? 그 프로모션으로 유입된 고객이 두 번째 구매Q로 이어졌는가?

이것이 당신의 첫 번째 '관찰'이다. 질문에 대한 답을 찾는 순간, 당신은 더 이상 '기록된 숫자'를 보고받는 경영자가 아니라, 숫자에 숨겨진 스토리를 파악하는 '관찰하는 리더'로 거듭나게 된다.

당신의 생각을 숫자로 번역할 수 있는가?

———————

리더의 아이디어와 비전이 실현되려면 그 생각을 측정 가능한 목표로 번역해주는 강력한 도구가 필요하다. 여기서 소개할 도구는 구글이 사용하며 유명해진 OKRObjectives and Key Results, 즉 '목표 및 핵심 결과'다. 단언컨대 OKR은 단순히 목표를 관리하는 도구를 뛰어넘는다. 리더의 추상적인 생각을 조직 전체가 이해할 수 있는 구체적인 언어로 번역하고, 우리 팀이 지금 어디로 가고 있는지 그리고 그곳에 도착했는지를 명확히 알려주는 소통 시스템 역할을 한다.

- 목표Objective: 우리가 어디로 가고 싶은지 보여주는 방향성이다. '업계 최고의 고객 만족도 달성'과 같이 정성적이고 영감을 주는 가슴 뛰는 목표다.
- 핵심 결과Key Results: 우리가 그 목표에 도달했는지 알려

주는 구체적인 이정표다. '어떻게 하면 고객 만족도를 달성했다고 말할 수 있을까?'라는 질문에 대한 답이며, 반드시 측정 가능하고 도전적인 숫자로 표현되어야 한다.

이제 당신의 생각을 숫자로 번역하는 실전 연습을 해보자. 우리 회사의 다음 분기 목표가 '신규 시장에 성공적으로 진출해 새로운 성장 동력 확보하기'라고 가정해보자. 이 멋진 목표를 어떻게 핵심 결과로 번역할 수 있을까?

1단계: '성공'을 어떻게 정의할 것인지 질문하기

가장 먼저 '무엇이 이루어지면 우리가 성공적으로 진출했다고 말할 수 있을까?'라는 질문을 던져야 한다. 이 질문에 대한 답을 찾다 보면, 추상적인 목표가 구체적인 결과의 모습으로 드러나기 시작한다.

- '일단 우리 제품을 아는 사람이 많아져야겠지?' → (결과 1: 인지도)
- '알리기만 하면 뭐해. 실제로 써보는 사람이 있어야지.' → (결과 2: 초기 고객 확보)

- '써본 사람들이 만족하고 계속 써야 성공이지.' → (결과 3: 고객 만족 및 유지)
- '결국 이 모든 건 돈을 벌기 위한 거잖아?' → (결과 4: 재무적 성과)

2단계: 각 정의를 '측정 가능한 숫자'로 번역하기

이제 각 결과의 정의를 구체적인 숫자로 번역할 차례다. 여기서 핵심은 '누가 봐도 명확하게' 측정할 수 있는 지표를 설정하는 것이다.

- 인지도 → KR 1: 신규 시장 내 핵심 타깃 고객 대상 브랜드 인지도 20% 달성
- 초기 고객 확보 → KR 2: 신규 고객 1,000명 확보
- 고객 만족 및 유지 → KR 3: 신규 고객의 3개월 후 재구매율 15% 달성
- 재무적 성과 → KR 4: 신규 시장에서 분기 매출 5억 원 달성

어떤가? '신규 시장 진출'이라는 막연했던 목표가 이제는

모든 구성원이 무엇을 위해 달려야 하는지 명확히 보여주는 4개의 구체적인 이정표로 바뀌었다. 마케팅팀은 KR 1과 2를 위해, 제품팀과 운영팀은 KR 3을 위해 그리고 영업팀은 KR 4를 위해 힘을 모을 것이다. 잘 설계된 OKR은 단순히 성과를 평가하는 도구를 넘어, 전사적인 목표를 공유하고 각 팀과 개인이 무엇에 집중해야 하는지 알려주는 '내부 나침반'이 된다.

리더의 대시보드

여기서 한 걸음 더 나아가, 이 핵심 결과들을 한눈에 볼 수 있는 '리더의 대시보드'를 만들자. 이는 회사라는 비행기를 조종하는 당신만의 계기판이다. 이 한 장짜리 문서에는 다음과 같은 내용이 담길 수 있다.

- 핵심 목표: 이번 분기 우리의 목적지는 어디인가?
- 핵심 결과: 목적지를 향한 핵심 이정표들의 현재 달성률은? (예: 브랜드 인지도 15%/20%, 신규 고객 750명/1,000명)
- 핵심 재무 지표: 그래서 이 모든 활동이 우리의 재무 건강에 어떤 영향을 미치고 있는가? (예: 총매출, 영업이익, 현금 잔고 추이)

매주 혹은 매일 아침 이 대시보드부터 확인하는 습관을 들이자. 계속 업데이트되는 숫자를 보며 우리 비행기가 제대로 날고 있는지, 연료는 충분한지, 위험 신호는 없는지 직접 확인할 수 있다. 그리고 문제가 발생했을 때 "뭐가 문제지?"라고 무턱대고 묻는 대신 "KR 3의 재구매율이 떨어지고 있는데, 원인이 무엇일까요?"라고 훨씬 더 구체적이고 생산적인 질문을 던질 수 있게 된다.

단, 한 가지 기억해야 할 것이 있다. 모든 것을 숫자로만 평가하려는 '숫자의 함정'을 경계하라. 조직에는 측정하기 어렵지만 반드시 필요한 가치들이 있다. 서로를 신뢰하는 조직 문화, 실패를 두려워하지 않는 도전 정신, 고객과의 장기적인 신뢰 관계 같은 것들이 그렇다. 이런 가치는 당장 OKR이나 재무제표에 숫자로 나타나지 않을 수 있다. 하지만 이 무형의 자산이야말로 측정 가능한 숫자를 만들어내는 근본적인 토양임을 잊어서는 안 된다.

리더의 지혜는 바로 이 지점에서 발휘된다. 측정 가능한 숫자Key Results를 통해 조직을 한 방향으로 이끌되, 그 과정에서 측정하기 어려운 소중한 가치를 잃지 않도록 균형을 잡는

것. 당신의 생각을 숫자로 번역하는 능력과 그 숫자에 매몰되
지 않는 혜안을 동시에 갖출 때, 당신의 '좋은 생각'은 비로소
'위대한 결과'로 나타날 것이다.

것. 당신의 생각을 숫자로 번역하는 능력과 그 숫자에 매몰되
지 않는 혜안을 동시에 갖출 때, 당신의 '좋은 생각'은 비로소
'위대한 결과'로 나타날 것이다.

4장

회계는 결과다

"모두가 미션을 달성했는데,
회사는 왜 위기에 빠진 걸까요?"

평소 알고 지내는 한 중견기업의 C레벨 임원과 오랜만에 만나 근황을 묻고 최근의 관심사와 고민을 나누는 시간을 가졌다. 내가 꺼낸 주제에 대해 이야기한 뒤 이제 그의 고민을 들을 차례였다. 그는 잔뜩 상기된 표정으로, 하지만 어딘가 공허한 얼굴로 이야기를 시작했다.

"오늘 분기 실적 회의를 했습니다. 분위기는 아주 좋았어요. 영업팀은 매출 목표 110% 달성 소식을 전했고, 개발팀은 핵심 기능을 업그레이드한 업데이트 버전의 성공적인 론칭을 보고했어요. 회의에 참석한 모든 리더가 각자의 KPI^{Key Per-formance Indicator}(핵심 성과 지표)를 달성했더군요."

그가 잠시 말을 멈추더니, 목소리를 낮춰 말을 이었다.

"그렇게 분위기 좋게 회의가 끝나고 제 방에 돌아와 재무팀에서 올린 손익계산서를 열어봤습니다. 그런데 회사 전체 영업이익은 지난 분기보다 15% 감소했더라고요."

그는 답답하다는 듯이 말했다.

"도대체 어떤 상황인지 모르겠어요. 모든 팀이 각자의 미션을 완수했는데, 왜 회사 전체 경영 실적은 악화되었는지 말이죠."

앞 장에서 우리는 회계를 관찰의 도구라고 했다. 그런데 이 임원과 그의 동료들은 회사의 이익이라는 공동의 '최종 결과'를 관찰한 것이 아니다. 그들은 매출액, 출시일이라는 '개인 기록'만 본 것이다. 각 팀이 전체의 '최종 결과'가 아닌, 자신만의 '개인 기록'에만 몰두할 때 발생하는 예고된 딜레마다.

이런 상황이 반복되면 조직은 무력감에 빠진다.

"우리가 아무리 잘해도 회사는 앞으로 나아가질 않아. 그럼 열심히 할 필요가 없잖아?"

이처럼 파편화된 성과는 조직 전체의 동력을 조금씩 갉아먹는다.

경영은 '노력'이 아닌 '결과'로 말한다

스포츠 세계에 '기록은 깨지기 위해 존재하지만, 승패는 영원하다'라는 말이 있다. 한 선수가 아무리 화려한 개인기를 선보이고 멋진 플레이를 펼쳤다 해도, 팀이 경기에서 졌다면 그 모든 것은 빛을 잃고 만다. 결국 중요한 건 최종 결과다.

경영의 세계는 더욱 냉정하다. 비즈니스는 과정의 아름다움을 뽐내는 예술활동이 아니다.

'경영은 결과로 평가받는다.'

이는 리더가 가장 먼저 가슴에 새겨야 할 명제다.

물론 훌륭한 과정은 중요하다. 하지만 그것은 어디까지나 좋은 결과를 만들어내기 위한 수단이다. 아무리 아름답게 설계된 배라도 첫 항해에서 침몰했다면 실패한 설계다. 리더가 가장 빠지기 쉬운 함정이 바로 '과정'과 사랑에 빠지는 것이다. 구성원들의 크런치 모드 근무, 치열한 토론, 뜨거운 열정… 리더는 이런 노력을 보고 싶어 할지도 모른다.

하지만 시장은 노력에 보상하지 않는다. 고객은 당신의 구성원들이 얼마나 치열하게 일하는지에는 아무런 관심이 없다. 그 결과로 나온 제품과 서비스가 자신에게 가치가 있는지를 판단할 뿐이다. 리더의 역할은 팀의 노력을 격려하되, 그 노력이 시장에서 통하는 결과로 이어졌는지 냉철하게 판단하는 것이다. 구성원의 수많은 노력과 경영활동을 최종 결과로 보여주는 것이 바로 '회계'다.

회계는 기업이라는 경기장에서 벌어진 모든 플레이를 기록하고 집계해 재무제표라는 최종 결과를 만들어낸다. 영업팀의 매출, 마케팅팀의 광고비, 개발팀의 연구개발비, 생산팀의 원가… 이 모든 것이 회계라는 시스템 안에서 더해지고 빠지면서, 최종적으로 이익 또는 손실이라는 단 하나의 결과로 나타난다.

즉 회계는 기업 구성원들의 모든 노력이 집약된 결과의 언어이자, 경영 성과를 판단하는 가장 객관적이고 보편적인 기준이다. 리더는 이 결과의 언어를 외면하고 경영을 지휘할 수 없다.

앞에서 이야기했던 C레벨 임원의 딜레마로 돌아가자. 왜 이런 문제가 발생했는가? 각 팀이 자신의 목표, 즉 KPI를 달성하는 데만 집중했기 때문이다. 그들은 회사의 이익이라는 공동의 목표가 아닌, 팀의 성과라는 파편화된 목표를 좇았다.

영업팀의 KPI는 '매출액'이었을 것이다. 그들은 목표를 110% 달성하기 위해 마지막 주에 마진이 거의 남지 않는 40% 할인 프로모션을 진행했을 수 있다. 회계는 이 과정을 그대로 담아낸다. 매출은 올랐지만, 매출총이익률은 그렇지 않다.

개발팀의 KPI는 '출시일 준수'였을 것이다. 그들은 날짜를 맞추기 위해 무리하게 외주 인력을 사용했고, 그 비용이 고스란히 판매관리비에 반영되어 이익 규모를 감소시켰다.

마케팅팀 역시 '신규 고객 확보'라는 KPI를 달성하기 위해 고객 한 명을 데려오는 비용CAC이 2만 원인 광고를 집행했다. 하지만 대부분의 고객이 1만 원의 구독 서비스를 한 달 만에 해지했다면? 회계는 이 과정을 마케팅비 2만 원, 매출 1만 원으로 기록하고, 고객 한 명당 1만 원 손실이 발생하고 있음을 보여준다.

각 팀의 활동은 제각각이지만, 결국 톱니바퀴처럼 맞물려 돌아가며 회사 전체의 재무적 결과에 영향을 미친다. 회계는 각각의 톱니바퀴를 이익이라는 최종 결과물을 중심으로 연결하고, 각 활동이 전체에 어떤 영향을 미쳤는지 명확하게 보여주는 시스템이다. 이를 통해 리더는 개별 팀의 KPI만 바라보는 것을 넘어, 그 활동들이 회사 전체의 재무적 결과에 어떤 영향을 미쳤는지를 평가하고 피드백한다.

그 결과는 '좋은' 결과인가?
: 이익의 질과 지속 가능성

우리는 종종 결과 자체에 안도한다.

"이번 분기에도 영업이익을 이어갔다. 다행이다."

하지만 리더는 한 걸음 더 나아가 '결과의 질'을 확인해야 한다. 모든 이익이 같은 이익이 아니다. '좋은 이익'이 있고, '나쁜 이익'이 있다.

두 기업을 비교해보자. A기업과 B기업이 똑같이 10억 원의 영업이익을 보고했다.

A기업의 이익은 핵심 제품의 원가를 10% 절감하고, 신규 시장에서 고객을 20% 늘린 결과였다. 이 과정에서 발생한 현금흐름도 (+)였고, 재구매율도 상승하고 있다. 누가 봐도 건강하고 지속 가능한 이익이다.

반면 B기업의 이익은 당장의 숫자를 맞추기 위해 필수

설비 유지보수 비용을 전액 이연하고 R&D 예산을 삭감해가며 만든 결과였다. 게다가 영업이익은 10억 원이었지만, 영업활동 현금흐름은 -5억 원이었다. 매출채권만 늘려놓고 현금은 회수하지 못한 것이다.

즉 A기업의 10억 원은 좋은 이익이지만, B기업의 10억 원은 나쁜 이익이다. 같은 10억 원이라도 모두 같은 10억 원이 아니다.

리더는 이처럼 회계가 보여주는 최종 결과 뒤에 숨겨진 스토리를 관찰해야 한다. 나는 '결과의 질'을 판단할 때 최소한 4가지를 따져본다.

첫째, 이 이익은 현금을 동반했는가?

둘째, 이 이익은 내년에도 반복 가능한가? (사업 본질, 일회성 매각)

셋째, 이 이익은 고객 기반을 강화했는가? (재구매율, 고객 수)

넷째, 이 이익은 미래의 자원을 잠식하지 않았는가? (인재 투자, R&D)

이 질문에 대한 답이 '아니오'가 많다면, 그 이익은 리더에게 축하가 아닌 경고 신호다.

결과를 기다리는 사람들

리더가 만들어낸 결과는 단지 내부 평가로 끝나지 않는다. 그 결과를 기다리는 수많은 눈이 있다. 바로 이해관계자다. 회계가 만들어내는 결과는 단순한 숫자를 넘어, 모든 이해관계자와의 신뢰 계약이 된다.

첫째, 주주와 투자자다. 그들은 자신의 돈을 당신의 회사에 투자했다. 그들이 가장 궁금한 것은 '내가 투자한 돈이 불어나고 있는가?'다. 그들은 분기별, 연도별 재무제표라는 결과를 통해 당신의 경영 능력을 평가하고, 추가로 투자할지 매도할지를 결정한다.

둘째, 은행과 채권자다. 그들은 당신의 회사에 돈을 빌려줬다. 그들이 보고 싶은 결과는 '연체 없이 이자를 지급하고, 만기에 원금을 상환할 능력이 있는가?'다. 그들은 회사의 안정성과 현금 창출 능력을 보여주는 회계적 결과를 통해 대출 연장 여부와 금리 수준을 결정한다.

셋째, 구성원이다. 그들은 자신의 시간과 열정, 인생의 일부를 회사에 투자하고 있다. 그들이 기대하는 결과는 '우리 회사가 안정적으로 성장하고, 나에게 합당한 보상과 성장의 기회를 제공할 수 있는가?'다. 투명하게 공유되는 긍정적인 성과는 구성원들에게 자부심과 동기를 부여하고 미래에 대한 확신을 준다.

넷째, 정부와 규제 기관이다. 그들은 회사가 법과 규정을 준수하며 세금을 내고 있는지를 지켜본다. 정확하고 정직한 회계 결과는 회사가 의무를 다하고 있다는 증거다.

투자자들이 주목하는 또 다른 결과: EBITDA

이 중 투자자들이 재무제표의 영업이익이나 당기순이익만큼 혹은 그보다 더 주목하는 결과가 있다. 'EBITDA'가 바로 그것이다. 당신이 리더이고, 특히 투자 유치를 앞두고 있다면 이 숫자를 반드시 알고 있어야 한다.

EBITDA는 '이자, 세금, 감가상각비를 차감하기 전의 이익Earnings Before Interest, Taxes, Depreciation, and Amortization' 을 뜻한다. 왜 이렇게 복잡한 숫자를 따로 보는 걸까? 이 회사가 핵심 사업으로 실제로 벌어들이는 돈, 즉 현금 창출 능력이 어느 정도인지 알고 싶기 때문이다.

영업이익에는 실제로 현금이 나가지 않는 회계상의 비용, 즉 감가상각비가 포함되어 있다. 예를 들어 100억 원짜리 기계를 샀는데 10년간 사용할 수 있다면, 기계의 사용연수에 따라 안분된 금액만큼 매년 10억 원의 감가상각비라는 비용이 발생한다. 기계를 처음 구매한 해에 100억 원의 현금지출이 있고 난 후에도 감가상각비는 매년 손익계산서상 이익을 10억 원씩 줄이지만, 실제로 현금이 나가지는 않는다. EBITDA는 영업이익에 이 감가상각비 등을 다시 더해, 회계적 비용을 제하고 순수하게 사업활동으로 벌어들인 현금의 대용치를 보여주는 결괏값이다.

특히 3장에 소개한 스타트업을 운영하는 후배와 같이 대규모 자산 투자(렌털용 운동기구 구입)가 있었던 회사 혹은 M&A로 인해 무형자산 상각이 큰 회사의 리더는 EBITDA를 반드시 알고 있어야 한다. 영업손실이 발생했더라도 EBITDA가 (+)라면, 과거의 대규모 투자에 따른 감가상각비 때문에 회계상 손실이지만 실제 우리 사업의 현금 창출 능력은 아무런 문제가 없다고 투자자들을 설득할 수 있다.

물론 맹신은 금물이다. 대규모 투자를 한 후 일정 기간이 지나면 시설 교체 또는 새로운 투자를 위해 또다시 대규모 현금 지출이 필요할 수 있기 때문이다. 어쨌거나 EBITDA는 회사의 현금 창출 능력이라는 중요한 결과를 보여주는 핵심 지표임이 분명하다.

'숫자'를 확인하는 리더, '왜'를 분석하는 리더

이제 당신의 손에는 이번 분기의 성과가 담긴 재무제표라는 최종 결과가 있다. 많은 리더가 이 보고서를 받아 들고 결과를 확인하는 것으로 할 일을 끝낸다. 하지만 리더의 진정한 역할은 결과를 확인한 바로 그 지점에서 시작된다. 숫자를 확인한 다음 '왜?'라는 질문을 던지고 그 원인을 파고드는 것이야말로 리더가 해야 할 일이다.

'왜'라는 질문에 대한 답을 찾는 과정이 바로 3장에서 강조한 관찰이며, 경영 분석이다. 회계는 그 분석을 위한 가장 객관적이고 구조화된 데이터를 제공한다. 3장에서 소개한 'Q×P' 프레임워크를 다시 시작해보자. 우리 회사의 이번 분기 영업이익이 '왜' 증가했는가?

- [매출 축] 제품을 많이 팔아서인가?
- [매출 축] 제품 가격을 올려서인가?

- [자원 축] 원가를 획기적으로 절감해서인가?
- [자원 축] 인건비나 마케팅비를 줄여서인가?

이 분석이 왜 중요한가? '이익 10억 원 증가'라는 똑같은 결과라도 원인에 따라 의미가 크게 다르기 때문이다.

만약 이익 증가 이유가 마케팅비를 줄였기 때문이라면, 이는 장기적으로 신규 고객 유입이 감소하고 브랜드 가치를 훼손하는 위험 신호일 수 있다. 반면 공정을 개선해 원가율을 낮춘 결과라면, 이는 건강하고 지속적인 성장이 가능하다는 증거가 된다.

'왜'라는 질문은 리더가 외부 환경을 탓하지 않고, 내부의 통제 가능한 요인을 찾도록 돕는다. '경기가 나빠 매출이 줄었다'는 리더의 답이 아니다. '경기가 나빠 고객의 구매력이 하락했으니, 우리는 더 저렴한 대체 상품을 찾아 판매를 늘려야 한다'와 같이 해석하는 것이 리더에게 걸맞은 답이다.

회계는 결과를 보여줄 뿐, 그 이유를 친절하게 설명해주지 않는다. 그 이유를 파헤치고, 그 안에서 통찰을 발견해 다음 의사결정에 반영하는 것. 이것이 바로 리더가 회계를 도구로 사용한다는 말의 진정한 의미다. 결과에 대한 평가는 누구나 할 수 있지만, 결과의 원인을 분석하고 미래를 바꾸는 것은 오직 리더만이 할 수 있다.

수많은 경영 서적 중에서 ITT의 전설적인 CEO였던 헤럴드 제닌Harold Geneen이 쓴《매니징Managing》만큼 '결과'의 본질을 꿰뚫는 책은 드물다. 그는 숫자와 결과에 철저한 이중적 태도를 요구하는데, 이 장의 핵심과도 일치한다.

그는 저서를 통해 '어떤 비즈니스도 숫자 없이는 운영될 수 없다'라고 단언하며, '숫자는 기업의 건강 상태를 측정하는 일종의 온도계이자, 경영진에게 무슨 일이 일어나고 있는지를 알려주는 1차 통신 수단의 역할을 한다'라고 정의했다. 그래서 '새로운 회사에 부임하면 첫 일주일간은 사업부별, 팀별 재무제표와 각종 보고서를 검토하는 데 대부분의 시간을 할애했다'라고 이야기했다. 나 역시 새로운 회사의 CFO 또는 경영자로 갈 때면 가장 먼저 숫자와 지표를 살펴본다.

또한 제닌은 이렇게 기술했다.

'직업 회계사이자 부기 업무의 천성을 지닌 나는 항상 숫자가 기업의 근간이라고 믿었다. 전 세계에 산재한 회사에서 보고되는 숫자들은 ITT의 자산과 소득의 원천, 현금흐름 상태

를 알려주는 지표였다.'

여기서 리더와 기록자가 갈린다. 기록자는 숫자를 확인한다. 하지만 리더는 숫자를 심문한다. 이것이 바로 관찰의 핵심이다. 나는 재무제표에서 단순히 '매출 10% 증가'라는 결과를 파악하지 않는다. '매출은 10% 올랐는데, 왜 재고자산은 40%나 올랐는가?', '매출액이 증가한 만큼 매출채권 금액 역시 올랐는가?'처럼 숫자들 사이의 관계를 본다.

제닌은 이 과정을 통해 각 사업부의 운영 실태를 눈앞에 떠올릴 수 있었고, 보고서를 작성한 사람들의 심리 상태까지 엿보았다. 또 회사의 전반적인 건강 상태, 능력자와 무능력자 그리고 시한폭탄을 안고 있는 분야에 대한 감을 잡아갔다. 그 다음에는 질문을 던졌다.

《매니징》에는 제닌의 가장 강력한 통찰이 나온다.

'숫자 자체는 당신에게 어떻게 하라고 답을 제시해주지 않는다. 숫자들은 행동하라는 신호에 불과하며 두뇌를 자극할 뿐이다. 비즈니스의 핵심은 그런 숫자들 뒤에서 어떤 일이 벌어지고 있는지 밝혀내는 작업이다.'

이것이 바로 리더가 가져야 할 태도다.

첫째, 회계가 보여주는 결과를 그 어떤 변명도 없이 자신의 현실로 받아들여야 한다.

둘째, 그 결과를 바탕으로 이면에 숨겨진 진짜 이유를 밝혀내기 위해 집요하게 파고들어야 한다.

회계는 리더에게 최종 결과인 동시에, 다음 경기를 위한 복기 노트다. 리더는 회계적 결과를 손에 쥐고, 모든 이해관계자 앞에서 회사의 성과를 당당하게 설명하고 설득할 수 있어야 한다. 그것이 결과에 책임지는 리더의 모습이다.

당신 팀의 KPI를 '이익'에 연결하라

당신 팀의 KPI를 종이에 적어보라. 그리고 그 옆에 두 칸을 더 그린다. 하나는 사용한 자원(돈, 인력, 시간), 다른 하나는 이익에 미친 영향이다. 이 단순한 표가 '개별 최적화'의 함정에 빠진 당신의 팀을 '전체 최적화'로 바꾸는 첫걸음이 된다.

1단계: 당신 팀의 KPI를 적어보라.

예) 분기 신규 구독자 5,000명

예) 출시일 6월 30일 준수

2단계: 그 KPI를 달성하기 위해 사용한 자원을 적어보라.

예) 광고비 1억 원, 1개월 무료 프로모션, 50% 할인 쿠폰 제공

예) 일정 준수를 위한 외주 개발비 5,000만 원 추가 집행

3단계: 두 숫자를 연결해 진짜 결과를 관찰하라.

예) 고객 획득 비용CAC 2만 원 vs. 고객생애가치LTV 1만 6,000원 → 신규 구독자 늘수록 손실 확대(성장의 역설)

예) 출시일 준수 vs. 무리한 비용 집행 → 지연 대비 순손실(속도의 함정)

5장

회계는 관리다

숫자는 있는데, 비즈니스는 왜 보이지 않는가?

앞에서 우리는 회계가 언어이자 개념이고, 관찰의 도구이며, 경영의 결과를 보여준다고 말했다. 하지만 많은 리더가 이 지점에서 또 한 번 딜레마에 빠진다. 재무제표라는 결과는 있는데, 4장의 C레벨 임원처럼 왜 그런 결과가 나왔는지 도무지 알 수 없고, 3장의 스타트업을 운영하는 후배처럼 회계는 있는데 회사가 보이지 않는다. 이 간극은 어디에서 오는가?

현업(비즈니스) 팀은 '스토리'를 만들고, 회계(재무)팀은 '숫자'를 기록한다. 이 둘은 서로 다른 언어를 쓰며, 서로를 이해하지 못한다. 현업 팀은 "회계팀은 현장을 모른다"라고 말하며 불평을 늘어놓고, 회계팀은 "현업 팀은 숫자 없이 말로만 이야기한다"라고 말하며 답답해한다. 이것이 대다수 기업의 현실이다.

이 간극을 메우기 위해 회계는 외부 보고를 위한 재무회계에서 내부 의사결정을 위한 관리회계Managerial Accounting로 진화했다. 재무회계는 주주, 채권자, 정부 등 외부 이해관계자들에게 기업의 재무 상태와 성과를 보고하는 자료다. 기업회계기준 등 정해진 규칙에 따라 과거에 일어난 일을 전체 회사 단위로 보여준다. 반면 관리회계는 리더와 회사의 경영 의사결정을 돕는 계기판이다. 따라서 규칙보다 목적이 우선이다. 의사결정을 위해 내부적으로 숫자를 재조합하고 시뮬레이션한다.

3장의 후배와 나누었던 이야기도 관리회계 리포트를 어떻게 설계할 것인가에 대한 것이다. 재무제표의 '매출액'을 '단백질보충제 판매 매출', '홈트레이닝 앱 구독 매출', '운동 기구 렌털 매출'로 나누고, '판매관리비' 항목을 각 사업에 해당하는 직접비와 공통비로 나누어 재구성했다. 이처럼 재무회계가 모두에게 똑같이 제공되는 기성품이라면, 관리회계는 오직 당신의 비즈니스 모델과 전략에 맞춰 제작된 커스텀 솔루션이다.

관리회계의 첫걸음, 손익계산서 재분류

관리회계 설계를 위한 첫걸음은 복잡한 손익계산서를 리더의 관점으로 재분류하는 것이다.

손익계산서를 보면 매출액부터 매출원가, 판매관리비와 영업이익, 당기순이익까지 50줄이 넘는 계정과목과 숫자들이 나열되어 있다. 이 숫자들에 매몰되는 순간, 리더는 나무들에 파묻혀 숲을 보지 못하게 된다.

앞에서 말했듯, 새로운 회사에 들어가거나 자문을 요청받을 때 내가 가장 먼저 하는 일은 이 복잡한 숫자들을 경영자가 이해할 수 있는 '매출, 자원, 이익'이라는 3개의 축으로 재분류하는 것이다. 그 목적은 모든 계정과목을 세세하게 보는 것이 아니라, 가장 핵심이 되는 항목을 식별하는 것이다. 비즈니스의 80%를 움직이는 20%의 핵심 동인을 찾는 과정이다.

예컨대 이커머스 플랫폼 회사의 손익 구조는 다음과 같이 재분류할 수 있다.

- 매출: 이커머스 플랫폼의 본질은 거래다. 따라서 총거래액GMV과 수수료만큼 인식한 매출액이 가장 중요한 항목

Top-line이다.

- 자원: 이커머스 플랫폼의 핵심 자원과 비용은 무엇인가? 결제 시 발생하는 결제수수료, 고객을 유치하는 광고비와 판촉비, 서비스를 만들어가는 인건비와 기타 경비가 이에 해당한다.
- 이익: 매출에서 자원을 차감한 결과, 즉 영업이익이다.

다른 비즈니스도 마찬가지다. 패션 회사의 손익계산서도 다음과 같이 살펴볼 수 있다.

- 매출: 매출액
- 자원: 패션회사의 가장 큰 비용은 옷 자체의 원가다. 그다음은 백화점 및 판매 채널에 지급하는 판매수수료, 고객을 유치하는 광고비 그리고 인건비와 기타 경비다.
- 이익: 매출에서 자원을 차감한 결과

이처럼 모든 비즈니스는 '매출, 자원, 이익'이라는 3개의 축으로 단순화할 수 있다. 지금 당신의 손익계산서를 꺼내 이 3개 축으로 재분류해보라. 이것이 관리회계의 첫걸음이다.

당신의 '진짜' 매출은 어디서 오는가?

매출 100억 원이라는 기록은 리더에게 숫자 그 자체 외에는 아무런 의미가 없다. 이 100억 원을 관찰 가능한 단위로 쪼개야 한다. 이것이 관리회계의 핵심 기능이다. 매출을 쪼개는 방법은 무수히 많다. 리더의 전략에 따라 매출을 비즈니스별, 판매채널별, 프로덕트별, 지역별, 시즌별로 분해할 수 있다.

내가 만난 중견 패션회사의 대표는 "전체 매출은 성장하는데, 왜 이익은 줄어드는지 모르겠다"라고 말했다. 이 상황을 어떻게 분석할 수 있을까?

우선 회사의 전체 매출액을 '관리 가능한 기준'으로 분해해보자. 패션회사의 매출은 다음과 같이 구분할 수 있다.

- 비즈니스별: 성인복 매출, 아동복 매출
- 판매채널별: 백화점 매출, 대리점 매출, 직영점 매출, 온라인몰 매출
- 프로덕트별: 아우터 매출, 상의 매출, 하의 매출
- 시즌별: 신규 상품 매출, 이월 상품 매출

이렇게 분해하는 것만으로도 진실이 드러났다. 전체 매

출은 온라인몰에서 발생한 이월 상품 매출이 견인하고 있었다. 하지만 이월 상품은 큰 폭의 가격 할인으로 마진이 거의 남지 않거나 심지어 역마진이었다. 반면 마진이 높은 백화점의 성인복 신규 상품 매출은 급격히 하락하고 있었다. 즉 이 회사는 성장하고 있는 것이 아니라, 재고 정리를 하고 있었을 뿐이다.

재무회계의 손익계산서상의 '매출 100억 원'은 리더에게 이런 말을 해주지 않는다. 오직 리더의 관점으로 설계된 관리회계만이 이 진실을 보여준다. 리더는 이 내용을 바탕으로 "이월 상품 광고를 중단하고, 백화점 신규 상품 판매 프로모션을 강화하라"라는 관리를 시작할 수 있다.

당신의 돈은 어떻게 지출되고 있는가?

매출을 분해했다면, 이제 자원(비용)을 분해할 차례다. 수많은 계정과목으로 나눠진 비용 숫자들도 그 자체로는 리더에게 의미 있는 정보를 가져다주지 않는다.

자원을 분해하는 첫 번째 방법은 '팀별 구분'이다. 즉 조직도를 따르는 것이다. 전체 비용 중 마케팅팀이 얼마를 썼고, 개발팀이 얼마를 썼는가? 리더는 자원을 배분한 단위(팀)별 성과를 확인해야 한다.

두 번째 분해 방법은 '비용의 성격'을 따르는 것이다. 전체 비용 중 가장 큰 덩어리는 무엇인가? 인건비인가, 광고비인가, 원가인가? 리더는 가장 큰 비용, 즉 가장 중요한 자원부터 관리해야 한다.

세 번째 분해 방법은 '공헌이익' 관점이다. 크게 변동비와 고정비로 나눌 수 있다. 제품 하나를 더 팔 때마다 추가로 드는 변동비(원가, 수수료, 배송비 등)는 얼마인가? 제품 판매량과 상관없이 나가는 고정비(임차료, 인건비 등)는 얼마인가?

고객이 증가할수록 손실이 커져가는 소프트웨어 회사의 사례를 보자. 회사 복지를 줄이는 등 경비 절감에 나섰지만 손실폭은 줄어들지 않았다. 원인은 변동비에 있었다. 고객 한 명에서 월 1만 원의 구독료를 받는데, 고객당 사용되는 라이선스비와 서버비가 1만 2,000원이었던 것이다.

비용을 변동비와 고정비로 분해하면 관리회계 관점에서 가장 중요한 개념 중 하나인 '공헌이익'을 계산할 수 있게 된다. 4장에서 투자자에게 중요한 숫자가 EBITDA라고 했는데, 공헌이익은 리더가 내부를 관리하기 위해 중요한 숫자다. 공헌이익을 산출하는 공식은 다음과 같다.

- 공헌이익=매출-변동비

이 숫자가 중요한 이유는 단어 뜻을 풀어보면 납득된다. 공헌이익이란 '고정비를 갚는 데 공헌하는 이익'이라는 뜻이다. 공헌이익이 고정비 총액보다 커지는 순간, 회사는 손익분기점을 넘어서고 그 이후 버는 돈은 모두 순이익이 된다. 즉 진정한 관리는 총비용을 줄이는 것이 아니라, 공헌이익을 (+)로 만드는 것에서 시작된다. 예로 든 소프트웨어 회사의 대표가 해야 할 일은 변동비인 라이선스비와 서버비를 1만 원 이하로 낮추도록 파트너사와 협상하거나, 매출 단가를 1만 2,000원 이상으로 올리는 것이었다.

매출 인수분해
: Q×P를 넘어, 관리 가능한 지표로

3장에서 관찰의 기본으로 모든 숫자를 'Q(수량)×P(가격)'로 분해하자고 했다. 관리는 여기서 한 단계 더 나아간다. Q와 P를 리더가 관리 가능한 지표로 더 잘게 분해하는 것이다. 이 책에서는 이 과정을 '인수분해'라고 표현한다.

앞서 소개한 중견 패션회사의 사례로 돌아가자. 이 회사의 매출을 단순화하면 '판매 수량Q × 판매 가격P'의 결과물이다. 하지만 리더의 의사결정을 돕는 관리회계적 관찰은 여기서 한 걸음 더 나아간다. 매출이라는 하나의 숫자를 공급(제품)과 수요(채널 및 고객)라는 2개의 축으로 입체적으로 분해해보는 것이다.

- 공급 관점

신규 상품	아우터	판매 수량	판매 가격	판매액
	상의	판매 수량	판매 가격	판매액
	하의	판매 수량	판매 가격	판매액
이월 상품	아우터	판매 수량	판매 가격	판매액
	상의	판매 수량	판매 가격	판매액
	하의	판매 수량	판매 가격	판매액
계				총매출액

먼저 공급(제품) 관점에서의 분석이다. 이는 우리가 시장

에 내놓은 제품군별로 매출을 쪼개보는 것이다. 어떤 카테고리의 제품이 많이 팔렸는지(Q), 브랜드 가치에 맞는 값을 받고 있는지(P)를 분석함으로써 제품 포트폴리오의 경쟁력을 진단할 수 있다.

- 수요 관점

오프라인 채널	직영점	판매 수량	판매 가격	판매액
	대리점	판매 수량	판매 가격	판매액
	백화점	판매 수량	판매 가격	판매액
온라인 채널	자사몰	판매 수량	판매 가격	판매액
	외부몰	판매 수량	판매 가격	판매액
계				총매출액

다음은 수요(채널 및 고객) 관점에서의 분석이다. 직영점, 대리점, 백화점, 온라인몰 등 채널별로 판매 효율을 따져보거나, 신규 고객과 재방문 고객 중 어디서 매출이 발생하는지를 파악하는 과정이다.

이렇게 매출을 공급과 수요의 축으로 분해하면 '움직일 수 있는 레버'를 발견하게 된다. 단순히 "매출을 올리자"가 아니라, "온라인 채널의 판매 단가P를 방어하자", "특정 제품군의 판매 수량Q을 늘리기 위해 채널 프로모션을 강화하자"와 같은 구체적이고 전략적인 의사결정이 가능해지는 것이다.

이커머스 플랫폼의 사례는 어떨까? 역시 매출은 Q(구매 고객 수)×P(객단가)로 분해할 수 있다. 하지만 관리를 위해 이를 더 분해하면 다음과 같이 관리 가능한 선행 지표들이 드러난다.

- 구매 고객 수Q=전체 가입 고객 수×구매전환율CVR
- 객단가P=고객 1인당 구매 횟수×1회 주문당 평균 구매액 AOV

이를 반영하면 다음과 같은 매출 공식이 나온다.

- 매출=(가입 고객 수×CVR)×(고객 1인당 구매 횟수× AOV)

"매출을 올리자"라는 말은 결과를 가리키는 구호일 뿐, 관리 가능한 대상이 아니다. 하지만 리더는 이를 쪼개 "이번 주 구매전환율을 0.1% 높이기 위해 개발팀은 어떤 기능을 개선할 것인가? 객단가를 5,000원 높이기 위해 영업팀은 어떤 프로모션을 기획할 것인가?"라고 관리할 수 있다. 결과를 바꾸기 위해 과정을 관리한다는 것은 이런 뜻이다. 매출이라는 결과(후행 지표)가 아닌, 그 결과를 바꿀 수 있는 과정(선행 지표)을 관리하는 것이다.

자원 인수분해: 모든 비용은 관리 가능한가?

매출을 분해했다면, 이제 투입된 자원(비용)도 분해해보자. 관리란 결국 한정된 자원을 어떻게 배분할지 설계하는 과정이기 때문이다.

1단계는 비용 범주화Grouping다. 실무적인 회계 처리를 위해 존재하는 수십 개의 계정 과목을 하나하나 나열해 보는 것은 리더에게 큰 의미가 없다. 오히려 정보의 홍수에 빠져 의사결정의 본질을 놓치기 쉽다. 대신 이 수많은 항목을 우리 비스니스의 성격을 가장 잘 드러내는 몇 개의 의미 있는 그룹으로 묶어내야 한다.

예를 들어 50개의 세부 계정 과목을 그대로 펼쳐놓는 것이 아니라, 비즈니스 모델에 따라 '인건비', '마케팅비', '매출원가', '운영비' 등 우리 회사의 성과를 결정짓는 핵심 비용 범주 단위로 재구성하는 것이다. 이렇게 자원의 사용 현황을 한눈에 조망할 수 있는 구조를 갖춰야 비로소 어디에 자원이 집중되고 있는지, 어디서 비효율이 발생하는지를 관리하고 통제할 수 있다.

2단계는 비용의 성격 구분Classification이다. 의미 있는 범주로 묶인 비용들을 리더의 의사결정 시나리오에 맞춰 다시 2가지 기준으로 분류한다.

- 변동비와 고정비: 매출의 변화에 따라 연동되는 비용인지(변동비), 아니면 매출의 변화와는 무관한 비용인지(고정비)를 구분하는 것이다. 일반적으로 원재료비나 결제 수수료는 변동비로, 인건비와 임차료는 고정비로 분류한다. 이 구분은 앞에서 다룬 공헌이익 분석 관점으로도 필요하다.

- 재량적 비용과 비재량적 비용: 리더가 단기적으로 집행 여부와 규모를 결정할 수 있는 비용인지에 대한 구분이다. 재량적 비용은 신규 채용, 마케팅 캠페인, 교육 훈련비, 복리후생비처럼 리더의 판단에 따라 즉시 멈추거나 줄일 수 있는 비용이며, 비재량적 비용은 사업 유지를 위해 계약상 혹은 구조적으로 지출되는 성격의 비용이다. 장기 임대료, 서버 유지비, 필수 인력의 급여 등이 해당하며, 이는 단기적인 통제가 어렵다.

이렇게 인수분해한 비용 구성을 보면, 손익계산서상의 수많은 비용 계정 항목에 매몰되지 않고도 회사 전체의 마진 구조를 한눈에 바라볼 수 있게 된다. 매출이 증가할 때 같이 늘어나는 비용은 무엇인지(변동비), 매출이 감소해도 줄지 않는 비용은 무엇인지(고정비), 회사 상황이 좋지 않을 경우 어떤 비용을 조정할 수 있는지(재량적 비용), 어떤 비용은 단기적으로 조정할 수 없는지(비재량적 비용)를 알 수 있다.

한마디로 이 분류는 리더에게 '시나리오별 자원 운용 매뉴얼'을 쥐여준다.

회사가 성장하는 시기라면, 리더는 매출과 함께 늘어나

는 변동비의 효율을 점검하고 고정비가 방만해지지 않도록 경계해야 한다. 반대로 위기가 닥쳤을 때는 당장 줄일 수 있는 재량적 비용부터 과감히 통제해 현금을 확보하고, 그래도 부족하다면 비재량적 고정비의 구조조정을 검토하는 순서로 대응할 수 있다.

막연히 '비용 효율화'를 외치는 것이 아니라, 상황에 맞춰 어떤 레버를 당겨야 할지 정확히 알고 움직이는 것. 그것이 바로 리더가 자원을 인수분해해야 하는 진짜 이유다.

관리회계의 완성
: 분해된 숫자들을 이익으로 연결하라

이제 모든 조각이 모였다.

관리회계는 앞에서 분해한 '매출Top-line'과 '자원Resource'을 연결해 최종적인 '이익Bottom-line'을 설계하는 도구다. 이제 우리는 4장의 C레벨 임원처럼 '왜 이익이 줄었지?'라고 '결과'에 의문을 품는 대신 '이익을 만들려면 무엇을 해야 하지?'라고 '과정'을 설계할 수 있다.

- 우리의 공헌이익이 마이너스이니, 변동비부터 줄여야 한다.
- 경쟁이 심해져 가격P을 올릴 수 없으니, 구매전환율CVR을 높이는 데 재량적 비용을 투자하자.
- 신규 고객 획득 비용이 높으니, 재구매 고객 수Q를 늘리는 CRM 마케팅으로 전환하자.

이처럼 관리회계는 더 이상 기록이 아니라, 시뮬레이션 도구가 된다. 만약 우리가 객단가AOV를 5% 높이고 변동비를 3% 낮춘다면, 우리의 영업이익은 몇 퍼센트 개선되는가? 리더는 이 시뮬레이션을 통해 숫자로 전략을 세우고, 전략으로 숫자를 만들어낼 수 있다.

많은 리더가 '관리'라는 단어를 오해한다. 관리를 단순히 돈을 쓰지 못하게 하는 통제나 비용을 삭감하는 행위로만 여기는 것이 대표적이다. 이런 관점에서 관리는 성장을 저해하는 답답한 족쇄처럼 느껴지기 쉽다.

"혁신적인 시도를 하려는데, 관리팀에서 예산이 없다고 하네요."

"좋은 인재를 뽑고 싶은데, 인건비 제약으로 어렵습니다."

이와 같은 불만이 조직 내에 팽배해지는 이유다.

그러나 이것은 관리의 본질을 완전히 잘못 이해한 것이다. 관리의 진정한 목적은 '통제'가 아니라 '최적화'다. 기업이 가진 한정된 자원(돈, 시간, 인력)의 흐름을 가장 효율적으로 조율해 최소의 투입으로 최고의 성과를 내도록 만드는 것. 이것이 바로 관리의 진정한 의미다. 물이 새는 수도관을 잠그는 소극적인 행위를 넘어, 그 물을 가장 비옥한 땅으로 흘려보내 풍성한 열매를 맺게 하는 적극적인 설계 행위다.

당신의 첫 번째 '관리회계' 리포트 설계하기

당신은 관리가 설계임을 알게 됐다. 이제 당신의 비즈니스를 위한 첫 번째 설계도를 그릴 차례다.

1단계: 당신의 '3개의 축'을 정의하라.

- 당신 비즈니스의 매출Top-line은 무엇인가?
- 자원Resource은 무엇으로 구성되는가? 핵심이 되는 5가지를 꼽아라.
- 이익Bottom-line은 무엇인가?

2단계: 매출과 자원을 한 번 더 분해하라.

- 매출을 당신에게 가장 의미 있는 기준(사업부, 채널, 제품 등)으로 분해하라.
- 자원을 고정비와 변동비로 나눠보라.

3단계: 공헌이익을 계산하고 선행 지표를 찾아라.

- 공헌이익=매출-변동비
- 이 공헌이익을 만들기 위해 당신이 매일 점검해야 할 선행 지표는 무엇인가?

이 3가지 질문에 답하는 표가 완성됐다면, 그것이 바로 당신의 첫 번째 관리회계 리포트다.

6장

회계는 전략이다

비즈니스 스토리를 숫자로,
숫자를 비즈니스 스토리로

내가 코칭하는 대표가 병원에 입원했다는 소식이 날아왔다. 곧장 그에게 전화해 그간의 사정을 자세히 듣게 됐다. 주요 고객이 이탈하면서 막 일어서려던 회사의 상황이 심각하게 어려워졌고, 더 큰 사무실로 이사하려던 계획도 중단되었다고 했다. 그 스트레스를 몸이 견디지 못해 결국 입원까지 하게 된 것이었다.

또 다른 대표는 작은 패션 제조업체를 운영하고 있었는데, 최근에 한 자본가에게 투자 제안을 받았다고 했다. 단, 그 투자금으로 비즈니스를 확장해야 한다는 조건이 붙었다. 그래서 대표는 특정 패션 브랜드를 인수하기 위해 실사를 하는 중이었다.

두 사람이 내게 한 질문은 같았다.

"이제 어떻게 해야 합니까?"

이 질문은 결국 전략을 묻는 것이다. 전자는 사업에 갑작스러운 위기가 닥쳤을 때 다시 이기는 길을 찾으려는 것이고, 후자는 새로운 자본이 생겼을 때 그 자금으로 회사를 인수해 승리의 길을 단축하려는 것이다. 두 경우 모두 이기는 결과를 만들기 위해 변화에 대처하고 의사결정을 할 때 어떻게 회계를 사용했는지를 보여주는 사례다. 이를 통해 우리는 회계가 전략에 어떤 방식으로 기여하는지 알 수 있다.

이야기를 시작하기 전에 전략이 무엇인지부터 명확히 할 필요가 있다. 많은 경영자가 전략이라는 용어를 쉽게 사용하는데, 막상 "당신의 전략이 뭡니까?"라고 물으면 명확하게 답하지 못한다. '고객 만족', '품질 향상', '매출 증대' 같은 대답은 전략이 아니라 당연히 해야 할 일들의 나열일 뿐이다. 전략은 '전쟁에서 이기기 위해 군대를 이끄는 기술 또는 그 일을 하는 장군의 기술'이라는 의미에서 출발한 용어다. 한마디로 '이기기 위해' 구사하는 기술이 전략이다.

하버드 경영대학원의 마이클 포터 Michael Porter 교수는 전략을 이렇게 정의했다.

'경쟁자들과 다른 방식으로 가치를 창출하는 것.'

여기서 핵심은 '다른 방식'이다. 모두가 하는 것을 조금 더 잘한다고 전략이 되는 게 아니다. 경쟁자와 다른 방식을 선택해 차별성을 만드는 것이 전략이다.

포터는 더 나아가 전략의 본질은 '선택'에 있다고 강조한다. 무엇을 할 것인가를 정하는 것도 중요하지만, 무엇을 하지 않을지 정하는 것이 더욱 중요하다고 말한다. 이것은 단순한 학술적 개념이 아니라, 실제 비즈니스 현장에서 생존과 성공을 가르는 결정적 차이를 만든다.

구조조정 규모 정하기

나는 갑자기 입원하게 된 대표에게 이렇게 물었다.

"이 문제를 해결하기 위해 지금 당장 가장 필요한 것은 무엇인가요?"

그는 매출 가능성이 사라졌으므로 비용을 줄이는 것이 시급하다고 했다. 이미 답을 알고 있으면서도 그는 길을 찾지 못하고 있었다.

"현재의 매출을 지키는 데 직접적으로 필요한 직원들의

명단을 적어보세요."

그는 명단을 적었다. 그런 다음 그들만 남겼을 때 회사의 손익계산서를 시뮬레이션하게 했다. 매우 단순한 모델을 사용했지만, 대단히 직관적이었다. 그는 그 손익계산서 한 장에서 해답을 찾았다. 그것을 시작으로 회사가 감당할 수 있는 규모의 인원을 찾아낼 때까지 시뮬레이션을 반복했다. 결국 그는 답을 찾았고, 구조조정을 진행해 위기에서 벗어났다.

인수 후의 결과 예상하기

기업 인수를 고민하던 대표에게는 이렇게 물었다.

"그 브랜드를 인수하려는 이유가 무엇인가요?"

그는 몇 가지 이유를 설명했다. 그 대답을 들은 뒤 마찬가지로 인수 후의 손익계산서를 만들어보도록 했다. 그러기 위해 인수할 브랜드의 전년도 손익계산서를 그대로 가져와 인용했다. 자기 회사의 손익계산서와 인수하려는 기업의 기존 손익계산서를 합산한 단순한 계산이었다.

그런데 결과를 보는 그의 얼굴이 굳어졌다. 인수 후 매출이 3배로 급증하는 것은 좋았지만, 지금까지 흑자를 내던 회사가 돌연히 적자로 바뀐 것이다.

"인수를 해서 제가 이 기업의 적자를 흑자로 돌려놓을 수
도 있지 않을까요?"

좋은 질문이었다. 이 또한 몇 가지 조건을 대입해 시뮬레
이션을 해보면 될 일이었다.

먼저, 원가를 줄일 수 있는가? 피인수 기업의 주주는 현
재 제조공장을 향후 5년간 그대로 사용해야 한다는 조건을 달
았다. 따라서 원가 절감은 불가능했다.

관리비는 어떤가? 새 브랜드는 대표 자신이 잘 모르는 부
문의 사업이었다. 이는 곧 기존 인력을 쉽사리 내보내지 못할
가능성이 높다는 의미였다. 기존 조직에 대한 의존도가 크다
면 관리비를 줄이는 것도 사실상 쉽지 않다.

결론적으로 그 대표는 자신의 회사가 더 아끼거나 더 벌
어야 적자에서 벗어날 수 있다는 사실을 깨달았다. 인수하려
는 기업의 사업 주도권을 자신이 쥘 수 없다는 사실과 함께 말
이다.

이처럼 손익계산서를 조건에 맞춰 시뮬레이션해보는 단
순한 회계적 접근만으로도 구조조정과 기업 인수라는 매우
복잡하고 어려운 사안에 대한 의사결정을 할 수 있다. 물론 규

모가 큰 기업이라면 복잡한 경우의 수와 조건들이 개입되기에 훨씬 많은 사람이 참여해 세밀하게 분석하고 결정하는 과정을 거치기도 한다. 하지만 작은 기업은 이처럼 손익의 변화를 예측해보고 현금흐름의 변화를 예상하면서 보다 직관적이고 단순하게 중요한 결정을 내릴 수 있다. 사례로 소개한 두 회사의 대표는 그 후 전략을 수립하고 의사결정을 할 때마다 회계 정보를 적극적으로 활용하고 있다.

손익계산서만으로 이런 의사결정이 가능하다면, 더 상세한 회계 자료로는 얼마나 더 정교한 전략을 계획할 수 있을까? 한 단계 더 들어가 보자.

프로젝트별 수익성 분석하기

세 번째 사례는 내가 직접 CFO로 참여한 회사로, 단순히 손익계산서 시뮬레이션을 넘어 회계를 좀 더 확장해 전략에 활용했다. 회사는 창업 초기부터 외부 세무사에게 회계 업무를 맡겼는데, 회사가 급격히 성장함에 따라 외주로는 한계가 있어 본격적으로 내가 팀에 합류해 회계관리를 내재화하기 시작했다.

이듬해 나는 소규모 회사에 맞는 경량 ERP 시스템 도입을 추진했는데, 시중에 나와 있는 상품화된 시스템으로는 우리가 필요로 하는 바를 충분히 채울 수 없었다. 그래서 ERP 개발업체를 찾아 우리를 위한 작은 ERP를 직접 만들기로 했다. 그중 골자가 되는 핵심 모듈은 프로젝트별 수익성을 계산하는 기능이었다. 80여 명의 프로그래머가 자신이 한 일을 매일 시간 단위로 입력하면 그 사람의 급여 정보를 그 시간을 기준으로 계산해 프로젝트별 직접원가를 구하는 방식이었다. 이를 위해 엔지니어들이 업무 기록을 쉽고도 자연스럽게 입력할 수밖에 없는 프로세스를 설계해 ERP에 담았고, 이를 바탕으로 프로젝트별 손익을 분석할 수 있게 됐다.

우리는 왜 프로젝트별 수익을 중요하게 여겼을까? 프로젝트별 수익을 계산할 수 있어야 정확한 계약을 제안할 수 있기 때문이었다. 처음에는 단순히 예상 인건비와 간접원가를 반영해 계약 금액을 제안했다. 하지만 막상 일을 시작하면 모든 게 변한다. 매출액이 달라지기도 하고, 추가 인력이 필요할 때도 생긴다. 예상대로 흘러가는 경우는 단 한 번도 없었다. 따라서 프로젝트별 수익을 정확히 계산하지 않으면 프로젝트를 수행하고서도 이익을 본 것인지, 손해를 볼 것인지 정확히 인지하기가 어려웠다.

프로젝트별 손익 분석이 가능해지자 많은 것이 달라졌다. 엔지니어들이 어떤 일에 얼마만큼 시간을 쓰고 있는지, 누가 현재 업무에 투입되지 않았는지 등 그동안 감으로만 짐작하던 것들을 속속들이 파악할 수 있게 됐다. 더불어 특정 고객과 또다시 거래해도 괜찮은지 판단하는 것이 가능해졌고, 과거의 데이터를 토대로 정확하게 어느 정도의 인력을 투입해야 하는지 더 정확히 추정할 수 있게 됐다. 간접적인 원가에서도 무엇이 어느 정도 들어가는지 근거를 구체적으로 파악할 수 있었다. ERP 시스템을 사업 2년 차부터 운용한 덕분에 그 후 이어진 고속성장기에도 혼란을 겪지 않고 다양한 내부 정보를 토대로 회사를 더 효율적으로 경영할 수 있었다.

누구와 일할 것인지, 얼마를 받고 일할 것인지, 어떻게 일할 것인지, 언제까지 일할 것인지 등을 결정하는 것은 곧 전략의 영역이다. 그리고 전략의 영역을 잘하려면 한층 정교한 숫자 정보가 필수적이다. 처음에 소개한 두 회사는 손익계산서라는 재무회계상의 정보만으로 비교적 손쉽게 의사결정을 했다면, 세 번째 사례에 등장한 회사는 더 세부적인 목적하에 관리회계를 통해 정보를 만들었다는 점에서 차이가 있다. 초창기 회사들의 경우 대부분 재무회계 정보만을 이용한다. 하지만 시간이 지나면서 사업이 성장하면 경영자들은 자신의 필요에 맞는 정교한 숫자 정보를 원하게 되고, 그런 면에서 관리회계가 필요해진다.

5장에서 다룬 내용을 익혔다면, 한발 나아가 미래를 계획하는 재무기획FP&A과 전사적 전략을 숫자로 설계하는 재무전략Strategic Finance 그리고 현업과 함께 뛰는 비즈니스 파트너로서의 재무Finance-BP, Business Partner 영역으로 이야기를 확장해보자. 복잡한 개념 같지만, 핵심은 단순하다. 비즈니스 스토리를 숫자로 풀어내고, 숫자를 비즈니스 스토리로 이야기하는 것이다. 리더의 일은 바로 여기서 시작된다.

뉴욕대 스턴경영대학원의 어스워스 다모다란Aswath Damodran 교수는 이렇게 말했다.

"숫자 없는 스토리는 동화에 불과하고, 스토리가 받쳐주지 않는 숫자는 금융 모델을 연습하는 것에 불과하다."

이 장의 목표는 리더인 당신의 '스토리'를 동화로 남겨두지 않고 '숫자'로 설계하는 방법을 배우는 것이다.

회계가 전략을 만드는 3가지 방식

전략은 선택이고, 선택에는 판단이 따르며, 판단은 정보를 기반으로 한다. 그리고 경영에서 가장 정확하고 객관적인 정보는 회계에서 나온다. 회계는 결국 전략에 기여함으로써 경영자의 무기가 되는 것이다.

그렇다면 회계 정보는 전략적 의사결정에 어떻게 기여하는가? 크게 3가지 방식을 통해서다.

경쟁 포지셔닝: 회계는 현재 위치를 보여준다

전략의 출발점은 무엇일까? 바로 '우리는 지금 어디에 있는가?'를 정확히 아는 것이다. 자신의 위치도 제대로 모르는 사람이 어디로 가야 할지 알 수 있겠는가? 재무제표는 단순한 숫자의 나열이 아니라, 우리 기업의 경쟁적 위치를 드러내는 지도와 같다.

예를 들어 같은 패션 업종의 두 회사를 비교해보자. 다음 표를 보기 바란다.

구분	A사	B사
매출액	100억 원	100억 원
매출원가	40억 원	70억 원
매출총이익	60억 원	30억 원
매출총이익률	60%	30%
판매관리비	40억 원	10억 원
판관비율	40%	10%
영업이익	20억 원	20억 원
영업이익률	20%	20%

두 회사의 매출과 영업이익률은 똑같다. 그렇다면 두 회사는 같은 회사인가? 결코 그렇지 않다. 숫자를 조금만 자세히 들여다보면, 이 두 회사는 전혀 다른 세계에서 경쟁하고 있다는 사실을 알 수 있다.

A사는 높은 마진을 남기는 프리미엄 제품을 소량 판매한다. 60%의 매출총이익률은 제품 자체에서 큰 마진을 남긴다는 의미다. 아마도 고급 소재를 사용하고, 디자인에 투자하며, 소량 생산으로 희소성을 만드는 브랜드일 것이다. 40%의 판매관리비는 마케팅, 매장 운영, 브랜드 관리에 많은 비용을 쓴

다는 뜻이다. 이것은 전형적인 차별화 전략이다.

반면 B사는 저마진에 대량 판매하는 전략을 쓴다. 30%의 매출총이익률은 제품 하나에서 남기는 이익이 적다는 의미다. 아마도 기본적인 소재를 사용하고, 표준화된 디자인으로 대량 생산하는 브랜드일 것이다. 10%의 판매관리비는 마케팅과 운영을 최소화한다는 뜻으로, 전형적인 원가우위 전략이다.

여기서 중요한 통찰이 나온다. 만약 당신이 A사의 경영자인데, 원가를 낮추려고 제품 품질을 떨어뜨린다면 어떻게 될까? 재앙이다. 프리미엄 가격을 받을 수 없게 되면서 60%의 마진은 즉시 사라진다. 그렇다고 B사처럼 대량 생산 체계를 갖춘 것도 아니니 원가 경쟁력도 없다. 양쪽 전략의 중간 어디쯤에서 표류하다가 망하게 된다.

반대로 B사의 경영자가 "우리도 브랜드 이미지를 높이자"라고 목소리를 높이며 마케팅비를 대폭 늘린다면? 역시 재앙이다. 원가우위에서 오는 가격 경쟁력을 잃고, 그렇다고 A사처럼 프리미엄을 받을 수 있는 것도 아니다.

이렇게 회계 정보는 우리가 어떤 전략적 위치에 있는지

를 정확히 보여준다. 그리고 그 위치에 맞는 의사결정을 내리도록 안내한다. 재무제표의 숫자 하나하나가 우리 전략의 DNA를 담고 있는 것이다. 나아가 회계 정보는 우리가 원하는 위치와 실제 위치의 괴리도 드러낸다. 우리는 '프리미엄 브랜드'라고 말하는데 정작 매출총이익률은 25%밖에 안 된다면? 그것은 자기기만이다. 시장은 당신의 제품을 프리미엄으로 인정하지 않고 있다는 증거다. 전략을 바꾸든지, 실행을 바꾸든지 해야 한다.

전략적 선택: 회계는 자원 배분을 안내한다

전략의 핵심은 선택과 집중이다. 어디에 자원을 투입하고, 어디서 철수할 것인가? 이 질문에 답하려면 제품별, 고객별, 사업부별 수익성 데이터가 필요하다. 그리고 이것이 바로 관리회계가 하는 일이다.

한 전자제품 제조업체의 사례를 보자. 이 회사는 5개 제품군을 운영하며 전체적으로 양호한 수익을 내고 있었다. CEO는 모든 제품이 잘 팔리고 있으니 만족스럽다고 생각했다. 하지만 새로 부임한 CFO가 제품별 수익성을 정밀하게 분석하자 다음과 같은 충격적인 진실이 드러났다.

- A제품(스마트 센서): 매출 60억 원(60%), 순이익 24억 원 (120%)

- B제품(제어 모듈): 매출 20억 원(20%), 순이익 4억 원 (20%)

- C제품(디스플레이): 매출 10억 원(10%), 순이익 2억 원 (10%)

- D제품(케이블): 매출 6억 원(6%), 순이익 -4억 원(-20%)

- E제품(액세서리): 매출 4억 원(4%), 순이익 -6억 원 (-30%)

전체 매출은 100억 원이고 순이익은 20억 원이었다. 하지만 자세히 보면, A제품 하나가 24억 원의 이익을 만들고 있었다. 심지어 D제품과 E제품은 팔수록 손해였다. A제품이 이익의 120%를 만들고, D제품과 E제품이 이익의 50%를 갉아먹고 있었던 것이다.

좀 더 깊이 파고들자 더 놀라운 사실이 드러났다. D제품과 E제품은 매출은 작으면서 영업팀의 시간을 많이 잡아먹었다. 소량 주문이 많았고, 고객 요구 사항이 복잡했으며, 클레임도 빈번했다. 그 바람에 영업 인력 20명 중 8명이 이 두 제품에 매달려 있었다. 전체 매출의 10%를 위해 영업 인력의 40%를 쓰고 있었던 것이다.

CFO는 CEO에게 보고했다.

"D제품과 E제품을 단종하고, 그 자원을 A제품에 집중 투자해야 합니다."

CEO는 망설였다.

"하지만 D제품과 E제품도 매출을 만들잖아요. 10억 원이 없어지면 매출이 줄어들 텐데요."

이에 CFO는 시뮬레이션을 보여줬다.

- 시나리오 1(현상 유지)
  매출: 100억 원
  순이익: 20억 원
  영업팀 효율: 낮음
- 시나리오 2(D제품과 E제품 단종 후 A제품에 집중)
  매출: 90억 원(10% 감소)
  순이익: 30억 원(50% 증가)
  영업팀 8명을 A제품 확대에 투입
  A제품 매출 60억 원 → 80억 원 예상

CEO는 결단을 내려 두 번째 시나리오를 채택했다. 6개월 후, 매출은 88억 원으로 줄었지만 순이익은 28억 원으로 증가했다. 더 중요한 것은 회사의 정체성이 명확해졌다는 사실이다. '스마트 센서 전문 기업'이라는 포지셔닝이 확립됐고, 그 분야에서 시장점유율이 급증했다.

이 사례가 보여주는 것은 무엇인가? 회계 정보 없이는 전략적 선택이 불가능하다는 것이다. 매출액만 보면 모든 제품이 회사에 기여하는 것처럼 보인다. 하지만 수익성을 정밀하게 분석하면, 어디에 집중하고 무엇을 포기해야 하는지가 명확해진다.

성과 측정: 회계는 전략 실행을 감시한다

좋은 전략을 세웠다고 끝이 아니다. 그 전략이 제대로 실행되고 있는지, 원하는 결과를 만들고 있는지 지속적으로 확인해야 한다. 이때 필요한 것이 균형성과표Balanced Scorecard, BSC다.

1990년대 초, 하버드 경영대학원의 로버트 캐플런Robert Kaplan 교수와 컨설턴트 데이비드 노튼David Norton은 12개 기업을 대상으로 1년간 연구 프로젝트를 진행했다. 그들이 발견한 사실은 재무 지표만으로는 기업의 미래 성과를 예측할 수 없다는 것이었다. 재무 성과는 과거의 결과일 뿐이다. 작년에 얼마를 벌었는지, 지난 분기에 이익률이 얼마였는지는 알려주지만, 내년에 어떻게 될지는 말해주지 않는다. 그래서 그들은 기업을 다각도로 바라보는 새로운 프레임워크를 개발했다. 그것이 바로 균형성과표다.

균형성과표가 다루는 관점은 크게 4가지다.

- 재무 관점Financial Perspective: 주주에게 어떤 재무적 성과를 보일 것인가? (매출성장률, ROI, 현금흐름, 주당순이익 등)
- 고객 관점Customer Perspective: 고객에게 어떤 만족을 제공할 것인가? (고객만족도, 시장점유율, 재구매율, 신규 고객 획득률 등)
- 내부 프로세스 관점Internal Process Perspective: 어떤 프로세스를 탁월하게 만들 것인가? (생산 사이클 타임, 불량률, 신제품 개발 속도, 주문 처리 시간 등)
- 학습과 성장 관점Learning & Growth Perspective: 어떻게 변화하고 개선할 것인가? (직원 교육 시간, 혁신 제안 건수, 정보 시스템 활용도, 직원 만족도 등)

이 4가지 관점은 인과관계로 연결된다. 예를 들어 아마존의 전략은 한마디로 '고객 집착Customer Obsession'이다. 이를 균형성과표에 따라 다음과 같이 표현할 수 있다.

- 학습과 성장 관점: 직원 교육 투자를 늘린다. (연간 교육비 30% 증가)
- 내부 프로세스 관점: 배송 속도를 개선한다. (평균 배송일 3일 → 2일)
- 고객 관점: 고객만족도가 상승한다. (순추천지수Net Promoter Score 5점 → 8점)
- 재무 관점: 재구매율이 증가하고 매출이 성장한다. (재구매율 40% → 55%, 매출 20% 성장)

각 단계가 회계 지표로 측정되고 다음 단계의 원인이 되어 맥락을 갖춘 인과관계로 연결된다. 이것이 전략을 실행 가능한 액션으로 만드는 방법이다.

실제로 한 제조기업은 균형성과표를 도입한 뒤 놀라운 변화를 경험했다. 과거에는 매달 회의에서 "왜 실적이 나오지 않았습니까?"라는 질책만 있었다. 하지만 BSC를 도입하고 난 뒤 대화가 바뀌었다.

"이번 달 매출이 목표에 미치지 못했습니다."

"고객만족도 지표는 어떻습니까?"

"목표치를 달성했습니다."

"배송 시간은요?"

"그것도 개선됐습니다."

"그렇다면 매출은 다음 달에 회복될 가능성이 높겠네요. 고객만족도가 높아졌고 프로세스가 개선됐으니, 재구매가 늘어날 것입니다. 계속 모니터링합시다."

과거에는 결과만 보고 회사 구성원들을 질책했다면, 이제는 선행지표를 보고 미래를 예측한다. 이것이 바로 전략적 경영이다.

전략적 회계에 필요한 2가지 도구

회계가 전략 수립에 어떻게 활용되는지 알았다면, 이제 전략 수립과 실행에 활용되는 회계 도구들을 알아볼 차례다. 기업의 전략적 위치를 파악하고 미래를 설계한다는 점에서,

이들 도구는 사용하기에 따라 단순한 회계 기법을 넘어 매우 예리한 무기가 될 수 있다. 기업에서 실제로 활용하고 있는 회계 도구는 다양하지만 여기서는 대표적인 2가지만 소개하도록 하겠다.

활동기준원가계산: 숨겨진 원가의 진실

1980년대 후반, 하버드 경영대학원의 로버트 캐플런 교수는 미국 제조업체들이 일본 기업들에 밀리는 이유를 연구했다. 그 결과 대부분의 미국 기업이 잘못된 방식으로 원가를 계산하고 있다는 사실을 발견했다.

전통적인 원가계산 방식은 이렇다. 직접원가(재료비, 직접노무비 등)는 제품에 정확히 배분하고, 간접원가(공장 관리비, 품질 검사비 등)는 단순 비율로 나눈다. 일반적으로 생산량이나 직접 노무 시간에 비례해 배분한다. 문제는 이것이 현실을 왜곡한다는 것이다.

실제 사례를 보자. 한 정밀 부품 제조업체는 같은 공장에서 2가지 제품을 만들었다. 다음 표를 보기 바란다.

항목	A제품(표준 베어링)	B제품(특수 베어링)
특성	단순 설계, 대량 생산	복잡 설계, 소량 생산
연간 생산량	100만 개	10만 개
직접원가	1,000원	1,500원
간접원가	1,000원	1,000원
총원가	2,000원	2,500원
판매가	2,500원	3,000원
이익	500원	500원
이익률	20%	17%

이 기업의 간접비는 연 11억 원이다. 이를 기존처럼 생산량 비율로 배분하면 A제품에 10억 원(91%), B제품에 1억 원(9%)이 배분돼 개당 간접비는 두 제품 모두 1,000원이 된다. 그렇게 산출된 총원가는 A제품이 2,000원, B제품이 2,500원이다. 회사는 A제품을 2,500원에, B제품을 3,000원에 팔았다. 그 결과 A제품의 이익률은 20%, B제품의 이익률은 17%로 비슷했다.

그런데 새로 부임한 CFO가 이를 활동기준원가계산Activity-Based Costing, ABC 방식으로 재계산했다. 그는 간접비를 발생시키는 '활동'을 추적했다. 다시 말해 간접비 활동을 세부적으로 분해해 어떤 제품을 위해 무슨 일을 했는지 자세히 분석했다. ABC 방식으로 간접원가를 재분배한 결과는 기존 방식의 결과와 사뭇 달랐다.

활동	비용	A제품 비중	B제품 비중	확인한 활동 내역
품질 검사	3억 원	30% (9,000만 원)	70% (2억 1,000만 원)	A는 샘플 검사, B는 전수 검사
기계 셋업	3억 원	20% (6,000만 원)	80% (2억 4,000만 원)	A는 월 1회, B는 월 10회 셋업
설계 변경 관리	2억 원	10% (2,000만 원)	90% (1억 8,000만 원)	A는 표준화, B는 고객별 커스터마이징
재고 관리	1억 원	40% (4,000만 원)	60% (6,000만 원)	A는 대량 단순, B는 소량 다품종
주문 처리	2억 원	30% (6,000만 원)	70% (1억 4,000만 원)	A는 대량 주문, B는 소량 주문
합계	11억 원	2억 7,000만 원	8억 3,000만 원	

ABC 방식으로 계산하니 A제품에는 2억 7,000만 원(25%)이, B제품에는 8억 3,000만 원(75%)이 배분됐다.

새로 계산된 개당 간접비는 A제품은 270원이고, B제품

은 무려 8,300원이었다. 이를 반영해 계산한 제품별 손익을 살
펴보자.

항목	A제품(표준 베어링)	B제품(특수 베어링)
직접원가	1,000원	1,500원
간접원가	270원	8,300원
총원가	1,270원	9,800원
판매가	2,500원	3,000원
이익	1,230원	−6,800원
이익률	49%	−227%

충격적이지 않은가? A제품은 이익의 금광이었고, B제품
은 팔수록 엄청난 손해였다. 하지만 전통적 원가계산 방식으
로는 그런 사실을 알 수 없었다. CFO가 이 내용을 경영진에게
보고하자 격렬한 토론이 이어졌다.

"B제품을 단종해야 합니다."

"아닙니다. B제품이 우리의 기술력을 보여주는 제품입니
다."

"그럼 가격을 대폭 올려야 합니다."

"고객이 받아들일까요?"

결국 이 기업은 3가지 전략을 실행했다.

첫째, B제품의 가격을 1만 2,000원으로 4배 인상했다. 대신 주요 고객들에게 원가 구조를 투명하게 공개하고, 커스터마이징의 가치를 재교육했다. 가격 인상으로 판매량은 40% 감소했지만 수익성을 확보했다.

둘째, B제품의 생산 프로세스를 개선했다. 셋업 시간을 50% 단축하고, 공용 부품을 확대해 설계 변경을 30% 줄였다. 결과적으로 간접비를 20% 절감하는 데 성공했다.

셋째, A제품을 적극적으로 확대했다. A제품의 높은 수익성을 인식한 회사는 생산량을 늘리고 마케팅 활동에 집중했다. 그 결과 수주 물량이 30% 증가했다.

2년 후, 이 기업의 전체 영업이익은 2배로 증가했다. ABC 방식이 없었다면 이 회사는 계속 '손해 나는 제품'을 열심히 팔면서 '왜 이익이 나지 않는 거지?'라고 고민했을 것이다. 이처럼 현장에서 이루어지고 있는 진짜 활동을 회계에 반영하면 기업은 전략적 의사결정을 할 수 있게 된다.

고객 수익성 분석: 모든 고객이 평등하지는 않다

불편한 진실일 수 있지만 모든 고객이 같은 가치를 갖고 있지는 않다. 어떤 고객은 회사를 살찌우고, 어떤 고객은 회사를 갉아먹는다.

19세기 이탈리아 경제학자 빌프레도 파레토^{Vilfredo Pareto}는 이탈리아 땅의 80%를 20%의 사람이 소유하고 있다는 사실을 발견했다. 이것이 유명한 '파레토 법칙' 또는 '80/20 법칙'의 시작이었다. 비즈니스에서는 '매출의 80%가 20%의 상위 고객에게서 나온다'라는 형태로 알려져 있다. 하지만 더 중요한 진실은 따로 있다. 그것은 바로 '이익의 150%가 20%의 상위 고객에게서 나오고, 나머지 80% 고객 중 일부는 오히려 손실을 만든다'라는 것이다.

한 산업용 부품 유통회사의 사례를 보자. 이 회사는 300개 거래처를 보유하고 전체적으로 건전한 수익을 내고 있었다. 하지만 새로 부임한 CFO가 고객별 수익성을 분석하자 기존에 드러나지 않았던 문제점이 발견됐다. 절반의 고객이 마이너스 이익을 내고 있었던 것이다.

고객군	고객 수	매출 비중	주문 특성	이익 기여도
VIP (상위 10%)	30개 사	60%	대량, 정기적, 표준 제품	120%
일반 (중위 40%)	120개 사	35%	중간 규모, 비정기적	30%
소규모 (하위 50%)	150개 사	5%	소량, 빈번, 특수 제품	−50%

더 충격적인 사실은 소규모 고객이 영업팀의 시간을 절반이나 쓰고 있다는 점이었다. 그에 반해 가장 크게 대우받아야 할 VIP 고객에게 돌아가는 시간은 20%에 불과했다. VIP는 팔레트 단위로 주문해 효율적으로 배송하는 반면, 소규모 고객은 박스 단위로 주문해 건당 물류 비용이 3배였다. 주문 처리 방식도 달랐다. VIP는 온라인 자동 주문으로 건당 500원이면 충분했지만, 소규모 고객은 전화 주문으로 건당 5,000원이 들었다.

클레임도 마찬가지였다. VIP는 연간 클레임이 5건으로 처리 비용이 100만 원이었지만, 소규모 고객은 연간 200건으로 4,000만 원이 들었다.

정리하면 소규모 고객은 회사 매출의 5%만 차지하지만,

영업 인력의 50%, 물류 비용의 40%, 클레임 처리 비용의 70%를 소비하고 있었다. 그들은 회사의 이익을 갉아먹는 블랙홀이었다.

고객군	매출	직접원가	서비스 비용	순이익	이익률
VIP (30개 사)	600억 원	450억 원	30억 원	120억 원	20%
일반 (120개 사)	350억 원	280억 원	40억 원	30억 원	8.6%
소규모 (150개 사)	50억 원	38억 원	62억 원	−50억 원	−100%
합계	1,000억 원	768억 원	132억 원	100억 원	10%

당장 경영진 회의에서 소규모 고객을 정리해야 한다는 의견이 나왔다. 그러나 반론도 만만치 않았다. 그들 중 일부는 미래의 주요 고객으로 성장할 수 있다는 이유였다. 그렇다면 손실을 감수할 가치가 있는 고객과 그렇지 않은 고객을 구분해야 했다. 이에 CFO는 소규모 고객 150개 사를 세분화해 한층 정밀하게 분석했다.

유형	고객 수	특성	전략
성장 가능	30개 사	매년 거래액 증가, 성장 기업	투자 유지, 관계 강화
안정 고객	50개 사	소량이지만 꾸준히 주문, 틈새 전문	최소 주문 금액 100만 원, 온라인 필수
비효율 고객	70개 사	불규칙, 과도한 요구, 성장 정체	거래 중단 또는 가격 50% 인상

이 분석 결과에 따라 회사는 새로운 전략을 세워 실행으로 옮겼다. 우선 VIP 고객사에는 전담 어카운트 매니저를 배정하고, 맞춤형 재고 관리 서비스를 제공했다. 또한 VIP 전용 온라인 플랫폼을 구축했다. 그 결과 이탈률은 0%를 기록했고, 거래액은 15% 증가했다.

일반 고객사를 위해서는 표준화된 서비스 프로세스를 만들고, 셀프서비스 온라인 도구를 제공했다. 그 결과 서비스 비용을 20% 절감했다.

소규모 고객 중 성장 가능성이 있는 30개 사는 중점 관리를 유지했다. 안정 고객인 50개 사는 최소 주문 금액을 100만 원으로 설정하고 온라인으로만 주문을 받았다. 비효율 고객인 70개 사는 거래를 중단하거나 가격을 50% 인상했다.

고객 수익성 분석은 단순히 누가 돈을 많이 쓰는지만 보여주는 것이 아니다. 누가 진정한 가치를 창출하는지, 우리의 자원을 어디에 집중해야 하는지를 보여주는 전략적 도구다.

사례 기업은 고객 수익성 분석을 통해 더 명확한 포지셔닝을 수립하는 방향으로 전략을 전환했다. 그리고 팀마다 전 직원이 볼 수 있도록 '우리는 대형 산업 고객에게 신뢰할 수 있는 파트너가 된다'라는 비전이 걸렸다.

작은 기업을 위한 재무 전략

지금까지 살펴보았듯, 전략 수립과 실행에 회계를 활용하는 기업이라면 관리회계를 적극적으로 도입할 수밖에 없다. 그러나 관리회계 정보는 뚝딱 만들어지는 게 아니다. 그것을 시행하려면 일정 수준의 준비가 선행되어야 한다. 관리회계의 목적은 경영자를 비롯해 사업의 일선에서 일하는 사람들이 유용하게 사용할 수 있는 회계 정보를 제공하는 것이다. 따라서 어떤 정보가 어떤 형태로 어느 시기에 제공되어야 하는지를 비즈니스 현장에 있는 사람들과 함께 만들어야 한다. 앞에서 소개한 ERP 구축 사례의 경우 경영자와 협의 미팅, 엔지니어 그룹과의 협의 등을 통해 필요한 정보와 산출 방식 등을 결정하는 준비 기간을 가졌다. 그 과정을 통해 서로가 원하는 정보가 무엇인지 하나씩 밝혀가야 했다. 즉 관리회계를 만드는 과정은 우리 회사에 필요한 회계 정보가 무엇인지 깊이 생각하며 서로 합의해가는 과정이라 할 수 있다.

이렇게 말하면 시스템이나 경험 있는 담당자가 없는 작은 기업은 관리회계를 시작할 엄두가 나지 않을 수도 있다. 그러나 회계 인력이 부족해 재무회계 정보만으로 기업을 운영하고 있는 경영자들도 그 상황에서 관리회계를 시작할 수 있다. 2가지만 있으면 된다. 첫째는 '관심'이고, 둘째는 '질문'이다.

관심의 중요성은 앞에서 충분히 설명됐을 것이라 믿고, 여기에서는 어떤 질문이 필요한지 생각해보자. 당신이 작은 의류기업을 경영한다면 이런 질문을 할 수 있다.

"어떤 상품의 매출이 가장 큰가?"

"어떤 상품의 이익이 가장 큰가?"

"매출이 가장 큰 상품에서 이익을 더 늘릴 수 있는 방법은 무엇인가?”

“어떤 상품의 매출이 가장 작은가?”

“매출이 작은 상품은 유지해야 하는가, 폐기해야 하는가?”

“어떤 고객이 가장 많이 구입하는가?”

“어떤 고객이 가장 큰 이익을 창출하는가?”

“매출이 큰 고객의 이익 기여도는 어떤가?”

“상품별 재료비를 공제한 총이익이 취합되는가?”

“제작을 위해 투입되는 인건비를 상품별로 분할할 수 있는가?”

“제작에 손이 많이 가고 시간이 많이 투입되는 상품은 무엇인가?”

“그런 상품의 이익률은 일반적인 상품 대비 어느 정도인가?”

“매출성장률이 높은 상품은 무엇인가?”

“점점 더 많이 구매해 향후 메인 고객으로 성장할 가능성이 높은 고객은 누구인가?”

“자사의 판촉비는 매출이나 이익 기여도가 큰 상품 또는 고객에 어느 정도 집중되고 있는가?”

“판촉비의 타깃층이 판촉활동 후 실제 구매 고객으로 전환되는가?”

“지출을 줄여도 매출에 영향을 주지 않거나 미미한 비용은 무엇인가?”

이 밖에도 더 많은 질문이 얼마든지 가능할 것이다. 이렇게 질문을 쭉 늘어놓는다. 그러고 나서 어떤 데이터가 있으면 질문에 답할 수 있을지 적어본다.

예를 들어 “어떤 상품의 매출이 가장 큰가?”, “어떤 상품의 매출이 가장 작은가?”와 같은 질문은 상품별 매출이 집계된다면 대답이 가능하다. 이렇게 상품별 매출 데이터가 필요하다는 사실을 알 수 있게 된다. “어떤 상품의 이익이 가장 큰가?”에 대답하기 위해서는 상품별 원가 데이터가 필요할 것이다. ‘상품별 매출’과 ‘상품별 원가’를 안다면 자연적으로 ‘상품별 이익’이 계산된다. 이 3가지 데이터만 알아도 상당히 많은 질문에 대답할 수 있다.

비단 작은 의류기업만의 이야기가 아니다. 식당도, 교육업체도 동일하다. 식당은 메뉴별로 매출과 원가, 이익을 파악하게 되고, 그에 따라 메뉴 가격을 올리거나 내리거나, 원가를 높이거나 줄이는 전략적 판단을 할 수 있다.

전체 매출이 높은데도 이익이 없거나 적자를 본다면 매출이 높은 상품의 이익이 너무 낮은 것은 아닌지 확인해 그에 맞는 조치를 취해야 한다. 반대로 매출은 낮지만 이익이 높다면 그 이익률을 유지하면서 매출을 끌어올릴 방안을 고민해야 한다. 경영자가 방향성을 가지고 전략적인 선택을 하려면 기본적으로 제품별 데이터, 고객별 데이터, 시장별 데이터, 플랫폼별 데이터 등이 필요하다.

이렇게 질문을 통해 내 회사에 필요한 정보를 하나씩 구체적으로 규정하고, 그 정보를 어떻게 만들고 취합할지 고민하며 만들어가는 과정이 곧 관리회계 시스템을 설계하는 방식이다. 즉 우리 회사에 가장 중요한 질문이 무엇인지 깊이 고민해 정한 뒤, 그걸 복잡한 시스템 없이도 만들 방안을 찾으면 된다.

흔히 사용하는 엑셀도 매우 훌륭한 도구다. 비록 업무 단계마다 ERP에 데이터가 모이고 그 결과가 실시간 공유되지는 않지만, 수기로 하나하나 필요한 데이터를 입력하고 직접 계산하는 방법도 그리 나쁘지 않다. 나도 식당을 운영할 때 엑셀을 활용해 메뉴별 원가와 이익을 계산했고, 평균 조리 시간을 측정했다. 이를 바탕으로 주방장의 표준 인건비를 메뉴별로 산출해 각각의 메뉴가 이익에 얼마나 기여하는지 수작업으로 계산했다.

이런 방식이 실제로 경영에 도움이 될지 의구심이 들 수도 있다. 하지만 믿어도 좋다. 나 또한 이 방식으로 신메뉴 개발 및 도입 여부를 결정한 경험이 있다. 직접 재료비는 물론이고, 조리의 난이도와 시간을 측정해 원가를 계산한 뒤 이익이 적정하지 않으면 메뉴에 올리지 않는 등 메뉴 선정 단계에서부터 전체 이익에 부정적인 영향을 미칠 요인들을 철저하게 검증했다.

이런 의미에서 작은 기업도 '관심'과 '질문'만 할 수 있다면 얼마든지 자신에게 맞는 관리회계를 개발하고 도입할 수 있다. 또한 그 결과를 전략적 판단에 매우 유용하게 활용할 수 있다.

많은 기업이 전략을 수립하는 데 필요한 정보를 관리회계를 통해 만들고 활용하고 있다. 그 종류를 정리하면 다음과 같다.

구분	반드시 알아야 할 정보	설명	이 정보가 전략에 왜 중요한가?
1	제품별 매출	어떤 상품이 얼마나 팔렸는가?	수익성 좋은 제품에 집중하고, 부진한 제품은 개선 또는 정리
2	고객군별 매출	누구에게 많이 팔았는가?	VIP 고객, 충성 고객 등을 파악해 마케팅 집중
3	마케팅 지출과 효과	광고/홍보에 비용을 얼마나 쓰고, 어떤 결과가 났는가?	돈 쓴 만큼 효과가 있는지, 효율적인 채널 판단
4	팀/사업부 손익	어느 팀이 돈을 벌고 있는가?	조직별 기여도를 파악해 자원 재배치 판단
5	제품별 원가와 수익	이익이 남는 제품과 손해 보는 제품은 무엇인가?	이익을 많이 남기는 구조로 제품군 재정비
6	예산 대비 실적	계획한 예산과 실제 지출/수익이 일치하는가?	실행력이 있는지 점검하고 계획 수정에 활용
7	현금흐름 요약	들어오는 돈과 나가는 돈의 흐름을 파악하고 있는가?	현금이 부족해지기 전에 대응
8	재고 현황	팔리지 않고 쌓여 있는 제품이 얼마나 되는가?	현금이 묶이는 비효율을 줄이고 재고 전략 개선에 필수

1~5번 정보는 '무엇이 돈을 벌고 있는지'를 알게 해준다.

6~8번 정보로는 '우리 회사가 계획대로 잘 운영되고 있는지'

를 알 수 있다. 물론 이 리스트가 전부는 아니고, 기본적인 예시로 소개하는 것이다. 관리회계의 보고서는 각자의 필요에 맞게 스스로 만드는 것이기에 다른 기업에서는 필요 없는 정보도 내게는 너무나 중요할 수 있다. 그런 것을 찾아내고 만드는 작업이 관리회계 시스템을 구축하는 작업이다. 그리고 그것은 ERP 같은 자동화 시스템이 없어도 얼마든지 시작할 수 있다.

회계에 녹아 있는 전략, 예산 수립

기업의 전략을 담는 회계적인 그릇은 '예산'이다. 즉 기업이 추구하는 전략을 자원으로 환산해 배분하는 것이 예산의 역할이다. 전략을 이야기할 때 예산을 반드시 다루어야 하는 이유다.

일단 한 가지 묻고 시작하자. 당신의 회사는 예산을 수립하고 있는가? 만일 그렇다면 무슨 이유로, 어느 수준으로 수립하고 있는가? 반대로 예산을 수립하지 않는다면 그 이유는 무엇인가? 이 질문에 대답하면서 예산에 대한 자신의 인식과 생각을 정리해보자.

대기업이나 중견기업은 예산을 매우 치밀하게 수립하는 반면, 중소기업이나 개인기업은 중요한 큰 정보들만 담아 수립하는 경우가 많다. 예산을 수립하는 기업들도 이를 10~11월에 다음 연도를 계획하는 연례행사처럼 인식한다. 하지만 예산을 수립하는 건 단순히 이듬해 목표를 숫자로 정하는 의미만이 아니다. 지금까지 기업이 취했던 전략을 평가하고 다음 해의 전략을 계획해 그 변화를 숫자에 담는 행위다. 단순히 지출을 통제하는 것을 넘어, 기업의 전략적 목표를 숫자로 구체화하고 자원을 효율적으로 배분하기 위한 핵심 도구다. 기업은 예산 수립을 통해 목표 달성에 필요한 자원을 예측하고, 우선순위를 설정하며, 각 팀의 책임과 목표를 명확히 한다.

이런 예산 수립을 소홀히 하거나 아예 하지 않는다면 어떤 일이 벌어질까? 예산을 수립하지 않는 건 나침반 없이 망망대해를 항해하는 것과 같다. 목적지는 고사하고, 지금 어디쯤 가고 있는지도 모른 채 표류하게 될 위험이 커진다. 예산 관리에 실패해 위기를 겪은 기업 사례는 무수히 많다. 무분별한 지출과 비효율적인 자원 배분은 아무리 훌륭한 아이디어와 기술력을 가진 기업이라도 파산의 길로 몰아갈 수 있다. 그렇기에 수많은 경영 전문가와 성공한 기업가들은 예산의 중요성을 끊임없이 강조했다. 예를 들어 스티브 잡스도 애플을 재건할 때 비용 통제와 효율적인 자원 배분의 중요성을 역설했다. 그의 경영 철학은 철저한 예산 관리를 통해 불필요한 비용을 줄이고 핵심 역량에 집중하는 것이었다.

경영 컨설턴트 짐 콜린스Jim Collins는 자신의 저서《좋은 기업을 넘어 위대한 기업으로 Good to Great》에서 위대한 기업들의 공통점을 분석하며, 규율 있는 사고와 규율 있는 행동의 중요성을 강조했다. 이 '규율'의 핵심 중 하나가 바로 체계적인 예산 수립과 관리다. 그는 '규율의 문화'에 관한 장에서 예산의 역할에 대해 다루었는데, 단순히 비용을 관리하는 도구가 아니라 전략적인 도구로서의 예산을 강조했다. 그는 좋은 기업에서 위대한 기업으로 도약한 기업들은 예산을 다음과 같은 방식으로 활용했다고 설명한다.

- 자원의 완전한 정렬: 위대한 기업들은 예산을 통해 자원을 고슴도치 개념Hedgehog Concept에 완전히 맞춰 할당한다. 즉 그들이 가장 잘할 수 있는 것, 경제 엔진을 움직

이는 것, 깊이 열정을 느끼는 것에 자원을 집중 투자하고, 그렇지 않은 분야에는 투자하지 않거나 아예 없애버린다.

- 전략적 선택과 집중의 수단: 예산은 어떤 활동에 자금을 충분히 지원하고, 어떤 활동은 아예 지원하지 않을지 결정하는 규율의 과정이 된다. 이는 자원을 여러 분야에 얇게 분산시키는 대신, 가장 큰 성과를 낼 수 있는 핵심 영역에 집중 투자해 성장을 견인하는 방법이다.

이처럼 예산은 기업이 목표를 향해 나아가는 과정에서 흔들림 없이 자원을 관리하고, 전략적 결정을 내릴 수 있도록 돕는 가이드라인이자 통제 시스템 역할을 한다.

또한 예산은 조직 내 의사소통과 책임감을 강화하는 중요한 도구이기도 하다. 각 팀은 자신의 목표 달성을 위해 필요한 예산을 수립하고, 그 예산 범위 내에서 책임지고 업무를 수행함으로써 전사적인 목표 달성에 기여하게 된다. 예산이 없다면 각 팀은 무분별한 지출을 하거나 자원을 낭비할 가능성이 커지고, 이는 결국 기업 전체의 손실로 이어진다.

좋은 예산과 나쁜 예산의 차이

예산은 나침반이자 로드맵이므로, 누가 보더라도 그것이 쉽게 이해되고 따라갈 수 있어야 한다. 그런 면에서 좋은 예산은 실행을 돕는다. 반면 나쁜 예산은 기업활동의 길을 잃게 만든다.

A기업과 B기업이 똑같이 '전년 대비 매출 10% 성장'이라는 목표를 잡았다고 해보자. A기업은 어느 부문에서 어떤 제품/서비스로 어느 정도의 성과를 거두자는 구체적인 목표를 정하고 따라가는 길을 예산에 담은 반면, B기업은 목표만 제시하고 어떻게 그 목표를 이룰 것인지는 구성원 각자의 능력에 맡겼다.

나침반이자 로드맵이 있고 없고의 차이는 1년 후 크고 작은 차이를 낳는다. 그중에서도 가장 큰 차이는 성과 피드백에서 나타난다. A기업은 목표와 따라가는 길을 정했기에 평가가 가능하다. 어느 지점에서 길을 잃었는지, 어느 지점에 이르기까지 속도가 너무 느렸는지 등 실행을 돌아보며 평가할 근거가 있다. 하지만 B기업은 목표만 있을 뿐 실행을 구성원 각자에게 맡겼기에 평가가 대단히 어려울 수밖에 없다. 설령 B기업이 A기업보다 더 나은 결과를 얻었다 해도, 의도한 전략을 따른 것이 아니라 요행이나 개인기에 의한 것이므로 평가가 무의미해진다. 이처럼 좋은 예산은 전략을 담고 있고, 나쁜 예산은 전략이 부재하다.

그 밖에 좋은 예산과 나쁜 예산의 차이를 항목별로 비교해보았다. 당신의 모습은 어느 쪽에 가까운가? 추후 예산을 수립할 때 다시 읽으며 참조하면 도움이 될 것이다.

항목	좋은 예산	나쁜 예산
1. 전략과의 연결성	조직의 중장기 전략 및 핵심 목표와 긴밀히 연결돼 있다.	지난해 수치를 기계적으로 복사하거나 '전년 대비 ○○% 증감'만 반영한다.
2. 가정의 명확성	매출, 원가, 시장 변동성 등의 가정이 명확히 정의되어 있고, 전사적으로 공유된다.	가정이 암묵적이거나 팀별로 다르게 작동해 나중에 책임 소재가 불분명하다.
3. 실행 가능성	현실적인 수치로 설정되어 실행력이 높고, 구성원들에게 동기부여를 해준다.	비현실적으로 높거나 낮은 목표가 설정되어 구성원들의 신뢰를 잃는다.
4. 차이 분석과 학습 구조	예산과 결과 간 차이에 대한 분석(variance analysis)을 통해 조직이 학습하고 조정한다.	목표 미달 시 질책만 하거나, 원인 분석 없이 넘어간다.
5. 유연성	상황 변화에 따라 조정 가능하며, 예측력을 보완하는 롤링 예측 구조(Rolling Forecast)가 병행된다.	한 번 수립한 예산은 고정된 목표처럼 다루어 시장 변화에 대응하지 못한다.

회계에서 나만의 ' 전략' 도출하기

회계를 통해 나만의 전략을 세워보자. 다음의 간단한 연습으로 시작해보자.

- 자신의 사업에서 가장 중요한 질문 3가지를 적는다.
- 그 질문에 답하기 위해 필요한 정보나 데이터를 적는다.
- 그 정보나 데이터를 취합하는 방법을 찾는다. (필요시 담당자와 협의한다.)
- 예산에 담긴 주요 전략을 설명한다.

현장에서는 책에서 미처 다루지 못한 수많은 현실적인 질문과 마주하게 된다. 여기서는 실제 경영자와 리더들이 가장 많이 하는 질문을 모아보았다. 당신의 성장 여정에 든든한 참고 자료가 되기를 바란다.

Q1   이제 막 사업을 시작한 스타트업 대표로서 재무 전문 인력도 없는데, 당장 무엇부터 챙겨야 하는가?

모든 것을 직접 챙겨야 하는 초기 리더에게 가장 중요한 것은 '기본 원칙'이다. 가장 먼저 할 일은 2가지다.

첫째, 개인자산과 법인자산을 완벽히 분리해야 한다. 법인카드, 법인통장을 만들어 모든 사업 관련 거래는 반드시 법인의 이름으로만 해야 한다. 대표 개인 자금을 투입하거나 법인 자금을 인출했다면, 반드시 가수금이나 가지급금 등 정해진 계정과 절차에 따라 기록을 남겨야 한다. 이것이 모든 재무 관리의 기본이다.

둘째, 세금계산서, 계약서, 영수증 등 모든 거래에는 반드시 증빙 서류가 있다는 사실을 기억하고 철저히 챙겨야 한다. '나중에 챙겨야지' 하는 순간, 그 증빙은 사라지고 훗날 세금 폭탄이나 법적 리스크로 돌아온다.

Q2 재무 전문가가 아닌 내가 리더로서 반드시 알아야 할 재무 지식의 범위는 어디까지이며, 가장 하기 쉬운 실수는 무엇인가?

리더가 회계 담당자처럼 모든 회계 처리 방법을 알아야 할 필요는 없다. 하지만 회계 정보를 읽고 해석해 질문할 수 있는 능력은 반드시 갖춰야 한다. 리더가 갖춰야 할 회계 지식 범위는 크게 3가지다.

첫째, 회사의 재무 상태를 진단하는 능력이다. 2장에서 다룬 '3가지 렌즈(안정성, 수익성, 효율성)'의 핵심 지표(부채비율, 영업이익률, 재고자산회전율 등)가 어떻게 변화하고 있는지 설명할 수 있어야 한다.

둘째, 이익과 현금의 차이를 이해해야 한다. 흑자도산의 위험을 인지하고, 손익계산서의 이익뿐 아니라 회사의 실제

자금 사정을 파악하고 있어야 한다.

셋째, 고객 획득 비용, 고객생애가치 등 우리 회사의 비즈니스 모델의 성패를 좌우하는 핵심 지표가 무엇인지 정의하고, 이를 재무제표와 연결해 추적할 수 있어야 한다.

회계와 관련해 리더들이 가장 흔하게 저지르는 실수는 현금흐름을 간과하는 것이다. 이익과 현금은 다른데, 눈앞의 매출과 이익에만 집중하다 현금흐름 관리에 실패해 위기를 맞는 경우가 의외로 많다. 그다음으로 많이 하는 실수는 지분 및 주주명부 관리를 소홀히 하는 것이다. 회사가 성장하는 과정에서 초기 투자, 스톡옵션 부여 등 지분 구조가 복잡해지는 과정을 체계적으로 관리하지 않아 후속 투자나 M&A 과정에서 발목이 잡히는 경우가 적지 않다. 마지막으로 짚고 싶은 것은 세무 리스크 불감증이다. 법인세, 부가가치세 등 기본적인 세무 이슈를 가볍게 생각했다가는 나중에 예상치 못한 세무조사나 가산세 문제로 큰 고통을 받을 수도 있다.

Q3 우리 회사에 CFO는 언제 필요할까? 좋은 CFO는 어떻게 알아볼 수 있는가?

CFO 영입 시점은 회사의 '성장 단계'와 '재무적 복잡성'

으로 판단한다. 투자 유치 관점에서는 시리즈B 수준의 투자를 준비하거나 M&A, IPO 등 중요한 재무적 이벤트를 앞두었을 때 투자자를 설득할 정교한 논리와 성장 스토리를 숫자로 뒷받침할 전문가가 필요하다.

비즈니스 관점에서 보면 제품/서비스가 본격적으로 출시되어 매출이 발생하기 시작하는 시점이다. 그전까지 비용 중심으로 운영되던 조직이, 이제는 현금의 유입과 유출 요인을 관리회계 관점에서 분석하고 비즈니스 전략과 연계해야 하기 때문이다. 또한 CEO가 재무 실무와 투자자 소통에 시간을 쓰느라 정작 사업의 큰 그림과 비전에 집중하기 어려워질 정도라면 CFO를 두는 것이 좋다.

전통적인 의미의 CFO는 회계, 세무, 자금 등 재무적 안정성과 리스크 관리에 집중한다. 그러나 회사가 건강하고 지속 가능한 성장을 하려면 재무 전문성에 더해, 전사 비즈니스를 이해하고 대표와 함께 사업 방향성과 조직 전략을 고민하는 파트너로서의 CFO가 필요하다. 다음과 같은 조건을 갖춘 사람을 찾자.

첫째, 재무 역량은 기본이며, 사업 자체에 대한 깊은 이해와 호기심을 가진 사람이어야 한다.

둘째, 때로는 CEO의 낙관적인 계획에 숫자를 근거로 제동을 걸고, 불편한 질문을 던질 용기가 있는 CEO의 비즈니스 파트너여야 한다.

셋째, 수립된 전략을 성공시키기 위해 회사의 한정된 자원(현금, 시간, 인력)을 가장 효율적으로 배분하는 능력이 요구된다. 이는 단순히 새로운 곳에 투자하는 것을 넘어, 때로는 수익성이 낮은 사업을 정리하는 결단을 포함한다. 또한 이 점이 가장 중요한데, 자원 배분의 이유와 미래 비전을 명확히 설명해 구성원들에게 동기부여를 해주고, 조직의 에너지를 한 방향으로 모으는 역할까지 수행할 수 있어야 한다.

넷째, 그래서 커뮤니케이션 능력이 정말 중요하다. 복잡한 재무 이슈를 투자자와 이사회는 물론이고, 내부 구성원들이 이해할 수 있는 언어로 번역하고 소통함으로써 조직 전체의 회계 감각을 끌어올릴 수 있는 사람이어야 한다.

Q4 회사가 성장하면서 회계팀의 역할도 커지고 있다. 비재무 팀과의 소통은 어떻게 해야 하며, 리더로서 회계팀에 어떤 미션을 주어야 하는가?

회사를 한 단계 더 성장시키려는 리더의 고민이 담긴 질문이다. 핵심은 회계팀을 '지원팀'이 아닌, '소통의 허브'로 만드는 것이다. 리더는 회계팀에게 단순히 장부를 마감하고 세금을 신고하는 것이 아니라, '현업 팀이 더 나은 결정을 내리도록 돕는 비즈니스 파트너'가 되라는 미션을 부여해야 한다. 회계팀을 '비용 통제 팀'이 아니라, 회사의 성장을 돕는 '내부 컨설팅팀'으로 재정의하는 것이다.

그러려면 비재무 팀과의 소통 방법에도 변화가 필요하다. 어려운 회계 용어 사용을 지양하고, 마케팅팀이나 영업팀이 이해할 수 있는 비즈니스 언어로 재무 데이터를 설명하도록 독려하자. 또한 회계팀이 각 팀의 주요 리더들에게 해당 팀의 활동이 전사 재무 성과에 어떤 영향을 미쳤는지 설명해주는 시간을 정기적으로 갖는 것도 좋은 방법이다. 나아가 신제품 개발이나 신시장 진출 같은 중요 프로젝트에 초기 기획 단계부터 재무 담당자를 참여시켜 처음부터 수익성을 고려한 의사결정이 이루어지도록 하자.

Q5   회계와 재무 분야에서 성장하고 싶은 실무자들에게 해주고 싶은 조언이 있다면 무엇인가?

이 질문에 대한 답은 결국 '비즈니스를 숫자로 풀어내고, 숫자를 비즈니스로 이야기하라'라는 하나의 메시지로 귀결된다. 여러분은 이미 회계와 숫자를 이해하는 훌륭한 역량을 갖추었다. 이제는 단순히 숫자를 정리하고 마감하는 '기록자'를 넘어, 숫자에 담긴 이야기를 해석하는 '스토리텔러'가 되어야 한다. 숫자가 들려주는 이야기를 읽는다는 것은 과거와 현재를 분석해 미래의 방향을 제시한다는 의미다.

회사의 성장 과정을 알기 위해서는 손익계산서의 계정과목 증감을 파악하는 데서 멈추지 말고 이유를 파고드는 호기심이 필요하다. '이번 달 광고선전비가 왜 증가했지?'라는 질문에서 시작해 '마케팅팀의 신규 캠페인 때문이구나', '그렇다면 이 캠페인을 통해 우리는 얼마의 매출과 공헌이익을 기대할 수 있지?'까지 꼬리에 꼬리를 무는 질문을 던지자.

아울러 재무상태표의 건전성을 분석하고 현금흐름의 병목 현상을 찾아내 리더에게 먼저 위험 신호를 알리는 통찰력이 필요하다.

이런 훈련이 쌓여가면 과거 데이터 분석을 바탕으로 미래를 예측하고, 전략적 의사결정에 숫자를 근거로 한 대안을 제시하는 단계까지 나아갈 수 있다. 즉 '일반회계 → 관리회계 → FP&A → 비즈니스 파이낸스 → 전략'의 단계로 커리어를 확장하며, 대체될 수 없는 전문가로 성장하게 될 것이다.

7장

회계는 예방이다

누구라도 그럴 수 있다

예전에 다니던 회사를 그만두고 2년쯤 지난 어느 날이었다. 내 업무를 이어받은 후배가 오랜만에 식사를 하자는 연락을 해왔다. 한동안 만나지 못했던 터라 기쁜 마음으로 식사 자리에 나갔다. 그런데 그 자리에서 안타까운 소식을 들었다.

"선배님, A씨 기억하시죠?"

"응, 기억하지. 똑똑하고 일 잘하던 친구였잖아. 갑자기 그 친구는 왜?"

후배의 표정은 어딘가 어두웠다.

"얼마 전에 그 친구가 사내 감사를 받았는데, 1년 넘게 꽤 큰돈을 횡령한 것으로 밝혀져 고발됐어요."

나도 모르게 눈이 커졌다. 내가 기억하는 A는 늘 밝고 배려심 깊고 성실한 사람이었는데, 그런 사람이 횡령을 저질렀다니 믿기지 않았다. 하지만 그것은 사실이었고, 그 때문에 후배도 조만간 인사 조치를 당할 것 같다고 했다. 그날 후배를 위로하고 돌아오는 내 마음에 선명하게 떠오른 말이 있었다.

'누구라도 그럴 수 있다.'

금전적인 부정은 누구나 저지를 수 있다. 누군가는 좀 더 쉽게 할 기회가 있었고 누군가는 기회가 없었을 뿐, 사람이라면 누구라도 돈의 유혹에 넘어갈 수 있다. 경영자가 이 사실을 아는 것만으로도 기업을 조금은 더 안전하게 지킬 수 있다.

믿음을 가장한 시스템 부재

누군가가 정직과 투명을 요구하면 상대방은 너무 깐깐하게 굴지 말라며 '맑은 물에는 물고기가 살 수 없다'라는 속담을 언급하곤 한다. 나도 선배들에게 이런 충고를 들은 적이 있다. 당신도 들어봤을 것이다. 우리 사회 곳곳에서 이 말이 사용되곤 한다. 그런데 맑은 물에서는 왜 고기가 살지 못하는 걸까? 그 말은 정말 사실일까?

　물고기가 살기 위해서는 영양분(플랑크톤, 미생물, 유기물 등)이 있어야 한다. 물이 너무 맑다는 건 영양염류가 부족하다는 뜻일 수 있다. 실제로 고산지대의 옥빛 호수나 샘물은 플랑크톤이 거의 없어 물고기 개체 수가 적거나 아예 없는 경우도 있다고 한다. 그 말을 하는 사람들이 이 사실을 염두에 둔 것이라면 일부는 맞을 수도 있다. 하지만 그런 곳이 얼마나 되겠는가? 사람의 발걸음이 미치기 어려운 천혜의 환경에나 해당하는 이야기다. 우리가 가고 보는 곳 대부분에서는 경험하기 어려운 깨끗함이다.

　조직으로 따지면 정직함과 투명함을 병적으로 추구하는 곳이 그렇다. 그런 곳은 너무 촘촘하고 빡빡하게 정직을 관리해 결과적으로 도전도, 혁신도 힘들어질 수 있다. 그런 기업이라면 이 속담에 해당하겠지만, 나도 당신도 그런 기업을 한 번이라도 본 적이 있던가? 작은 영양분조차 존재할 수 없을 만큼 투명함과 정직함을 추구하는 조직은 현실에 존재하기 어렵다는 게 내 생각이다. 오히려 우리는 그 반대의 경우를 더 걱정해야 하며, 그 이유로 이 말이 현실에서는 더 중요하게 다루어져야 한다.

'오염된 물에서는 어떤 것도 살 수 없다.'

인간을 오염시키는 모든 것 중에 가장 파괴적이고 치명적인 것이 바로 돈이다. 기업에서 일어나는 부정이나 사건 또한 대부분이 돈과 관련이 있다. 그만큼 돈은 위험한 것이다. 따라서 경영자라면 돈과 관련한 사건 사고를 막는 노력이 결국 조직과 구성원을 지키는 길임을 기억해야 한다.

기업이라는 유기체는 끊임없이 성장하고 변화하며, 그 과정에서 다양한 위험에 노출된다. 시장의 변화, 경쟁사의 공세, 기술의 발전 등 외부 환경의 위험도 시간이 갈수록 커지고 있다. 하지만 어쩌면 내부에서 곪아 터지는 문제가 더 심각할 수 있다. 특히 내부 관리를 소홀히 해 발생하는 '돈 사고'는 사업을 실패로 이끄는 치명타가 되곤 한다. 잘나가던 기업이 한순간에 무너지는 드라마 같은 사건들은 예방이라는 기본적인 원칙을 소홀히 한 결과라 할 수 있다.

1995년, 200년 역사를 자랑하던 영국의 유서 깊은 투자은행 베어링스 은행이 파산하는 충격적인 사건이 발생했다. 원인은 싱가포르 지점에서 선물 거래를 담당하던 닉 리슨Nick Leeson이라는 직원의 무모한 투자와 그를 가능하게 했던 허

술한 내부 통제 시스템 때문이었다. 리슨은 단순히 선물 거래를 하는 트레이더 역할뿐 아니라, 자신이 거래한 내용의 결제를 담당하는 지원 업무까지 겸하고 있었다. 즉 상호 견제해야 할 거래와 결제라는 핵심 업무가 한 사람에게 귀속된 시스템이었던 것이다. 그는 이 허점을 이용해 막대한 손실을 숨기고, 손실을 만회하기 위해 점점 더 위험한 투자에 빠져들었다. 그의 장부 조작은 수년간 이어졌지만, 이를 감지하고 견제해야 했던 내부 시스템은 제대로 작동하지 않았다. 결국 누적된 손실이 감당할 수 없는 수준에 이르렀고, 베어링스 은행은 허무하게 파산하고 말았다.

이는 영화로도 제작될 만큼 유명하고도 극적인 사례다. 그래서 우리가 일상에서 경험할 법한 이야기는 아니라고 생각될지도 모른다. 하지만 따지고 보면 모든 사고는 매우 유사하며, 되풀이되는 특징이 있다. 30여 년 전에 발생했던 베어링스 은행 파산은 2023년에 비슷한 유형으로 우리나라에서 재현됐다.

2023년, B은행은 내부 직원에 의한 대규모 횡령 사실을 공시했다. 해당 직원은 부동산 프로젝트파이낸싱(PF) 업무를 취급하던 과정에서 관련 서류를 조작하고, 정상적인 거래로 보이도록 꾸민 계좌를 통해 자금을 빼돌린 것으로 드러났다. 확인된 횡령액은 3,000억 원 이상으로, 국내 금융권에서 발생한 횡령 사건 중에서도 손꼽히는 수준이었다. 이 직원은 정상적인 대출과 상환이 이뤄지는 것처럼 내부 시스템을 속였고, 수년에 걸쳐 반복적으로 자금을 유용했다.

이런 사고는 "사람을 믿는다"라고 말하면서 예방 시스템을 소홀히 하는 경영자들에게 경종을 울린다. 불행하게도 일선에서 일하는 담당자뿐 아니라 경영진에 속한 임원들도 회사를 해치는 부정한 행위에 연루되는 경우가 비일비재하다. 아무리 유능하고 성실한 직원이라도 유혹에 노출되거나 실수할 가능성은 언제든 존재한다는 사실을 경영자가 모른다면 그 자체가 리스크 요인이다.

회계는 이런 인간적인 약점과 오류를 보완하고, 기업이 안전하게 운영되도록 돕는 예방 시스템을 작동하는 데 중요한 역할을 한다. 한 기업이 건강하게 경영활동을 영위하려면 적어도 돈 문제만큼은 맑은 물이어야 하고, 돈을 다루는 회계는 무엇보다 투명해야 한다. 이번 장에서는 사고를 예방하기 위해 경영자들이 숙고해야 할 사항들을 알아보도록 하자.

회계 기반의 내부 통제 시스템

회계 기반의 내부 통제Internal Control는 기업의 목표 달성을 위해 자산을 보호하고, 회계 정보의 정확성과 신뢰성을 확보하며, 법규를 준수하도록 설계된 일련의 과정과 절차를 말한다. 쉽게 말해, 기업이 사고 없이 목표를 향해 나아가도록 돕는 안전벨트이자 가이드라인인 셈이다.

내부 통제 시스템의 핵심 요소는 다음과 같다.

업무 분장Segregation of Duties

한 사람이 모든 업무를 처음부터 끝까지 처리하지 않도록, 업무를 여러 사람에게 나누어 맡기는 것이다. 예를 들어 현금을 지출하는 사람과 그 지출을 회계 장부에 기록하는 사람을 분리하는 방식이다. 한 사람이 모든 권한을 가지면 부정이나 오류가 발생했을 때 이를 은폐하기 쉽다. 베어링스 은행 파산을 비롯해 많은 사고 사례에서 가장 흔하게 발견되는 문제가 바로 이 업무 분장의 부재다. 업무를 분장하면 서로 견제하고 확인하는 과정이 생겨 투명성이 높아진다.

승인 및 결재 절차 Authorization and Approval Procedures

중요한 거래나 지출이 발생하기 전에, 반드시 권한 있는 사람의 승인을 받도록 하는 절차다. 각 기업의 규모나 상황에 따라 승인 금액의 한도를 조정하고, 사안의 중요도에 따라 승인 단계를 다르게 설정할 수 있다. 이를 통해 무분별한 지출이나 부당한 거래를 막고, 모든 자금 집행이 기업의 정당한 목적을 따르도록 할 수 있다.

기록 및 문서화 Documentation

모든 거래와 의사결정을 증빙할 수 있는 문서를 남기고, 이를 체계적으로 보관하는 것이다. 영수증, 계약서, 결재 서류 등이 이에 해당한다. 번거로운 작업이지만, 나중에 문제가 발생했을 때 무엇이 어떻게 진행됐는지 추적하고 검증할 수 있는 강력한 근거가 된다. '기록은 기억을 지배한다'라는 말처럼, 투명한 기록은 오류와 부정을 막는 기본 중의 기본이다.

자산 보호 Safeguarding Assets

기업의 자산은 곧 기업의 힘이다. 이를 안전하게 지키는 것은 기업 운영의 가장 기본적인 책임이다. 자산 보호는 현금,

재고, 설비 등 기업의 자산이 도난, 손실, 오용되지 않도록 물리적·시스템적으로 통제하는 것이다. 금고 보관, CCTV 설치, 재고 실사 등이 이에 해당된다. 사람은 누군가가 지켜보고 있거나 범죄를 예방하는 시설과 장치를 해두는 것만으로도 부정한 행위를 포기하거나 미루는 경향이 있다.

성과 검토 및 대사Performance Review and Reconciliation

실제 성과를 주기적으로 예산이나 목표와 비교하고, 장부상의 기록과 실제 현황을 대조해 차이점을 확인하고 조정하는 절차다. 중간중간 성과를 점검함으로써 예상치 못한 차이가 발생했을 때 그 원인을 파악하고, 문제가 더 커지기 전에 해결할 수 있다.

내부 감사Internal Audit

기업 내부에 독립적인 감사팀을 두어 내부 통제 시스템이 제대로 작동하고 있는지 주기적으로 점검하고 평가하는 활동이다. 내부 통제 시스템을 아무리 잘 설계해도 시간이 지나면 약점이 생기거나, 예상치 못한 허점이 드러날 수 있다. 내부 감사는 이런 약점을 독립적인 시각에서 찾아내고 개선을 권고함으로써, 내부 통제 시스템의 효과성을 지속적으로 유지하고 강화하는 파수꾼 역할을 한다. 이는 기업의 자정 능력을 높이고, 외부 감사인의 신뢰를 얻는 데도 기여한다.

당신의 기업은 이 중 어떤 요소를 도입해 지켜가고 있는가? 혹시 번거롭거나 당장 우선순위가 아니라는 이유로 소홀히 하고 있지는 않은가? 이번 기회에 상황을 파악하고 평가해 보는 것만으로도 예방을 시작할 수 있다. 이는 단순히 회계팀만의 책임이 아니다. 경영자를 포함한 모든 임직원이 각자의 역할 안에서 이 시스템을 이해하고 준수할 때 비로소 강력한 예방 효과를 발휘할 수 있다.

성장 단계에 따른 내부 통제 시스템

소규모 기업은 앞에 열거한 내부 통제 시스템을 모두 적용하기가 여의치 않을지도 모른다. 그렇다면 어떤 식으로 내부를 통제해 회사를 지킬 수 있을까? 기업 현실을 고려해 실제로 적용 가능한 구체적인 방안을 제안하고자 한다.

회계팀이 없는 1인기업 및 소규모 개인기업

이 단계의 기업은 대표가 회계의 모든 과정을 직접 챙기거나, 외부 회계사무소에 일을 맡기는 경우가 대부분이다. 이 경우 앞에서 언급한 '업무 분장'과 같은 시스템은 적용하기 어렵지만, 사고를 예방하기 위한 기본적인 원칙은 여전히 유효하다. 그에 따라 할 수 있는 조치들은 다음과 같다.

첫째, 현금 및 예금 관리다. 대표는 일 단위 또는 최소한 주 단위로 현금 잔고와 입출금 주요 내역을 반드시 검토해야 한다. 대표가 직접 챙기므로 사고가 일어날 확률은 매우 낮지만, 사업자와 대표 개인의 통장을 뒤섞어 사용하다가 여러 가지 관리상의 혼란을 겪는 경우가 적지 않다. 그러므로 통장과 카드, 현금을 사업용과 개인용으로 철저히 구분하는 것이 현명하다. 더불어 현금 입출금 내역을 주간 단위로 엑셀에 정리하면 현금흐름을 한눈에 파악하고 관리하는 것이 어렵지 않다. 현금흐름 관리는 초기 기업을 안전하게 경영하기 위해 대표가 가장 먼저 익혀야 할 부분이다.

둘째, 거래처와 안전한 결제 절차를 확립한다. 매출 대금을 받거나 매입 대금을 결제할 때 직원을 통해 자금이 오가는 경우를 없애야 한다. 그 절차를 거래처와 상호 명확하게 인지

하고 준수하도록 합의해야 한다.

셋째, 모든 사업 관련 지출은 반드시 영수증, 계약서 등의 증빙 자료를 남겨야 한다. 중요한 거래는 계약서나 거래명세서를 반드시 작성해 문서화하는 습관을 들이자. 사업이 성장해 직원이 늘어날 경우를 대비해서라도 이런 절차는 초기부터 지키는 것이 좋다.

넷째, 자산 실사를 한다. 재고자산, 주요 비품, 고정자산에 대해 주기적으로 장부와 실물이 일치하는지 확인하자. 재고자산은 최소 분기 또는 반기별로, 비품이나 고정자산은 반기 또는 연간 단위로 진행하는 것이 좋다.

다섯째, 외부 전문가를 활용한다. 세무사 또는 회계사에게 세무 신고만 맡기지 말고 정기적으로 소통하면서 사업의 주요 지표에 대해 자문을 구하고, 의문이 드는 지출이나 거래가 있을 때 객관적인 검토를 받아야 한다.

회계팀을 갖춘 개인기업

기업 규모가 성장하면서 전담 회계 담당자나 회계팀을 두게 되는 단계다. 이 시점부터는 앞에 언급한 내부 통제 원칙들을 부분적으로 적용할 수 있다. 이 정도 규모만 되어도 금전

사고가 얼마든지 생길 수 있으므로, 내부 통제 시스템의 취지를 이해하고 그 취지에 맞는 내부 업무 절차를 마련해야 한다.

첫째, 현금 및 예금 관리는 회계팀이 없다고 가정하고 대표가 직접 챙기는 것이 좋다. 특히 현금은 반드시 그래야 한다.

둘째, 업무 분장은 최소화한다. 회계 담당자가 돈과 관련한 모든 업무(지출, 입금 관리, 장부 기록 등)를 혼자 처리하기보다, 대표가 직접 '승인 및 결재' 업무를 담당하는 방식으로 업무를 분장해야 한다. 회계 담당자가 지출을 위한 서류를 준비하면, 대표가 최종 승인하는 절차를 두어 상호 견제 기능을 활성화하는 것이다.

셋째, 승인 및 결재 절차를 확립한다. 지출 금액의 크기나 중요도에 따라 결재 단계를 설정하자. 일정 금액 이상의 지출은 반드시 대표의 결재를 받도록 규정하고, 모든 결재는 문서화해 기록을 남겨야 한다.

넷째, 자금 대사Reconciliation를 주기적으로 실시한다. 회계 담당자가 기록한 장부상의 현금/예금 잔액과 실제 은행 잔액을 매주 또는 매월 대조하고 확인하는 절차를 마련하자. 이 또한 대표가 직접 확인하는 것이 가장 효과적이다. 이 과정을 통해 기록 오류나 누락, 부정행위를 조기에 발견할 수 있다.

회계팀을 갖춘 법인 기업

규모가 더 커져 회계팀과 다른 사업부가 명확히 분리된 법인 기업이라면 한층 체계적인 내부 통제 시스템을 구축해야 한다. 이 단계에서는 업무 분장이 가장 중요하다.

첫째, 업무 분장을 엄격하게 한다. 자금 집행(결제), 장부 기록, 재고 등 자산 관리 업무를 서로 다른 담당자에게 맡겨야 한다. 예컨대 상품을 구매하는 담당, 대금을 지급하는 담당 그리고 그 거래를 장부에 기록하는 담당을 분리하는 것이다. 이를 통해 한 사람이 모든 권한을 가지고 부정을 저지르는 사태를 막을 수 있다. B은행 횡령 사건도 한 명의 직원이 오랜 기간 동안 특정 업무 전반을 담당하는 허점에서 시작됐다는 점을 기억하자.

둘째, 전결권 및 승인 절차를 세분화한다. 각 팀의 책임과 권한을 명확히 하고, 지출 금액에 따라 결재권자를 다르게 지정해야 한다. 예를 들어 100만 원 이하 지출은 팀장이, 100만 원 초과 1,000만 원 이하 지출은 임원이, 그 이상 지출은 대표이사가 승인하도록 규정하는 방식이다. 또한 지출의 내용에 따라 전결 절차를 규정해야 한다. 팀의 일반 경비는 팀장이 승인하되, IT 비용은 IT팀장이 승인하는 식이다.

셋째, 정기 내부 감사를 통해 내부 통제 시스템이 제대로 작동하고 있는지 점검한다. 외부 전문가에게 의뢰하거나 자체 감사팀을 구성해 자금 사용 내역, 재고 관리 상태 등을 객관적인 시각에서 확인하고 개선 사항을 도출한다. 이는 기업의 자정 능력을 높이고 외부 감사인의 신뢰를 얻는 데도 기여한다. 모든 팀은 2~3년에 1회는 감사를 받도록 정례화하고, 상황에 따라 부정기적인 특별감사도 활용할 필요가 있다.

예방에 대한 몇 가지 오해

일전에 나는 영국에 있는 패션기업의 경영자로 긴급 투입된 적이 있다. 말로만 듣던 턴어라운드 경영을 직접 맡게 된 것이다. 당시 직원들에게 2년 이내에 기업을 정상화하고 현지인 리더를 육성해 CEO 자리를 물려주겠다고 공언했다. 그리고 실제로 2년 후 COO를 CEO로 임명하면서 내 임무를 성공적으로 완수했다.

새로운 CEO를 세우며 내가 요구한 몇 가지 지침과 조건이 있었는데, 그중 하나가 정기 내부 감사를 적극적으로 수용하겠다는 약속이었다. '본사에서 하라면 하는 것이지 무슨 말이 많은가?'라고 생각한다면 너무 순진한 판단이다. 본사에서 나왔어도 현지 직원들이 적극적으로 임하지 않으면 감사가 원만하게 진행되지 않는다. 하물며 현지인 사장이 그에 반감을 가지면 감사의 취지를 살리기가 쉽지 않다. 그래서 감사를 반드시 수용하라는 단서 조항을 달았던 것이다.

내부 통제 시스템의 필요성을 이야기하면 생각보다 많은 경영자가 부정적인 반응을 보인다. 감사 대상이 되는 조직의 임원들은 말할 것도 없다.

"이론적으로는 맞는 말이지만, 우리 회사 상황에는 맞지 않아요."

"안 그래도 바쁜데 감사에 너무 많은 시간을 쓰는 건 회사 차원에서도 손해입니다."

정말 그럴까? 실제 데이터와 현장 경험을 바탕으로 가장 흔한 오해들을 살펴보자.

오해 1. "회사 규모가 작아 그런 시스템은 과해요"

하지만 현실은 정반대다. EY한영이 국내기업 회계, 재무, 감사 종사자를 대상으로 실시한 '회계 감사와 디지털 감사 인식' 설문조사 결과,[1] 과거 회사 내에서 임직원에 의한 횡령 또는 부정을 경험했다고 답한 사람이 전체 응답자의 26%에 달했다. 더 놀라운 건 현재 회사에서 횡령 또는 부정이 발생할 가능성이 있다고 답한 응답자가 35%라는 점이다. 다시 말해 국내 기업인 4명 중 한 명은 횡령 또는 부정 문제를 경험했으며, 3명 중 한 명은 '우리 회사도 언제든 사고가 날 수 있다'라고 생각하고 있다.

통계청의 자료를 살펴보면[2] 이들의 응답이 과장이 아님을 알 수 있다. 대한민국의 횡령 범죄 발생 건수는 2011년 2만 7,882건에서 2020년 6만 539건으로 10년 만에 117%나 증가했다. 매년 인구 800명당 한 건의 횡령 사건이 발생하는 것으로, 기업이라면 횡령을 결코 남의 이야기로 여기면 안 된다는 사실을 보여준다.

더욱 심각한 문제는 한 번 사고가 나면 회수가 거의 불가능하다는 점이다. 2025년 국정감사에서 공개된 농협은행의

---

1   EY한영, "2022 회계 감사와 디지털 감사 인식 설문조사", 2022.4. (국내기업 회계, 재무, 감사 종사자 598명 대상)

2   대검찰청, 〈범죄분석〉 (2011년 및 2020년 통계 기준)

최근 사례(2021~2025년 7월)를 보면,[3] 사고 금액 800억 원 중 회수한 돈은 16%인 125억 원에 불과했다. 그리고 회수율은 시간이 지날수록 떨어지는 추세를 보이고 있다.

중소기업의 상황은 더욱 열악하다. 〈중앙일보〉가 발표한 '2023 업무상횡령 실태보고서'[4]에 따르면 사고가 나면 대부분의 돈은 영영 돌아오지 않는다는 게 현실이며, 중소기업은 더 큰 피해를 볼 수밖에 없다. 자본금 5억 원의 기업에서 1억 원이 사라지는 것과 자본금 500억 원의 기업에서 10억 원이 사라지는 것 중 어느 쪽이 더 위험한가? 당연히 전자다. 그렇기에 회사 규모가 작을수록 내부 통제는 선택의 문제가 아니라, 생존을 위한 최소한의 조치로 인식해야 한다.

다행히 내부 통제 시스템은 복잡하고 거창할 필요가 없다. 1인기업도 적용할 수 있는 간단한 원칙들만 지켜도 사고 예방 효과는 충분히 볼 수 있다. 중요한 건 시스템의 '크기'가 아니라 '존재' 자체이기 때문이다.

---

3   윤준병 의원실(국회 농림축산식품해양수산위원회), "농협은행 금융 사고 및 회수 현황", 2025.9. (금융감독원 제출 자료 재구성)

4   중앙일보 이노베이션랩, "2023 업무상횡령 실태보고서", 2023.

오해 2. "비용과 시간이 너무 많이 들어요"

내부 통제 시스템 구축에 드는 비용을 걱정하는 경영자가 많다. 하지만 예방 비용과 사고 비용을 비교해보면 답은 명확해진다.

먼저 사고가 발생했을 때의 비용부터 살펴보자. 한국거래소의 자료에 따르면,[5] 2019년부터 2024년까지 기업 임직원 횡령 및 배임 사고로 공시한 횡령 규모는 4조 6,000억 원에 달한다. 횡령 및 배임 사실 확인 건수도 2022년 11건, 2023년 20건, 2024년 25건을 기록해 3년간 2배 이상 증가했다. 이것은 상장사만의 통계이므로 통계에 잡히지 않는 수많은 중소기업을 고려한다면 전체 횡령액은 실로 어마어마할 것이다. 앞에서 언급했듯, 횡령액은 거의 회수되지 않으므로 이는 고스란히 비용이 된다. 이뿐만이 아니다. 횡령 사건이 발생하면 다음과 같은 추가 비용이 든다.

---

5   김현정 의원실(국회 정무위원회), "한국거래소 상장사 횡령·배임 발생 현황", 2024.9. (한국거래소 제출 자료 재구성)

- 법률 비용: 형사고발 및 민사소송 과정에서 최소 수천만 원의 비용이 발생한다.

- 회계 재작업 및 세무 조정 비용: 엉망이 된 장부를 바로잡는 데만 수백만 원에서 수천만 원이 들고, 직원들이 그 일에 시간을 쓰는 만큼 관리비도 증가한다.

- 신용등급 하락: EY한영이 실시한 설문 응답자의 82%가 횡령 발생 시 투자 신뢰도 하락을 가장 우려했다. 신용등급이 하락하면 대출 금리가 올라가고, 이는 연간 수천만 원의 추가 금융 비용으로 이어진다.

- 브랜드 이미지 손상: 설문 응답자의 82%가 회사 평판 하락 및 제품 선호도 감소를 우려했다.

- 직원 사기 저하: 설문 응답자의 45%가 조직 내 사기 저하를 우려 사항으로 꼽았다. 그 영향으로 나타나는 핵심 인재의 이탈은 돈으로 환산할 수 없는 손실이다.

- 대표이사의 시간: 적어도 3~6개월은 사고 수습에만 매달려야 한다. 그동안 경영자는 사업 성장에 집중할 수 없기에 막대한 손해를 입는다.

반면 예방에 드는 비용은 어떨까? 기본적인 내부 통제 원칙을 지키는 데 드는 비용은 그리 크지 않다. 시간적 측면에서도 마찬가지다. 내부 통제 시스템 구축 초기에는 업무 프로세스 정립과 직원 교육에 약 2~4주가 소요된다. 하지만 시스템이 자리 잡으면 업무가 더 효율적으로 돌아간다. 승인 절차가 명확해지고, 불필요한 확인과 재작업이 줄어들기 때문이다.

오해 3. "직원들이 불쾌해하고 신뢰가 깨질까 봐 걱정돼요"

가장 흔하면서도 가장 위험한 오해가 이것이다. 과연 직원들은 내부 통제를 싫어할까? 실제로 내부 통제 시스템을 도입한 기업들의 이야기는 다르다. 물론 도입 초기에는 '우리를 못 믿나?'라는 반응이 나올 수 있다. 하지만 시간이 지나면 정직한 직원들은 투명한 시스템을 오히려 환영한다. 그 이유는 다음과 같다.

첫째, 정직한 직원들을 보호하기 때문이다. 업무 분장과 승인 절차가 명확하면, 나중에 문제가 생겼을 때 자신의 책임이 아님을 명확히 증명할 수 있다. 오히려 시스템이 없을 때 억울한 의심을 받을 가능성이 높다.

둘째, 조직의 공정성이 높아지기 때문이다. 누군가는 대표와 가까워 결재를 쉽게 받고, 누군가는 까다롭게 검토받는

불공정한 상황이 사라진다. 모두가 같은 룰을 따르면 조직문화가 건강해진다.

셋째, 부정을 저지르는 소수가 선의를 가진 다수를 위험하게 만들기 때문이다. 돈을 빼돌리기 위해 기회를 노리는 직원에게는 자신을 방해하는 시스템이 불편하게 느껴질 것이다. 하지만 그들이 부정을 저지른다면 정직한 직원들이 그 피해를 고스란히 받게 된다. 최악의 경우 기업이 망할 수도 있다. 따라서 정직한 직원들은 투명한 시스템을 환영한다.

이처럼 조금만 생각하면 직원들이 내부 통제 시스템을 거부할 이유가 없다는 사실을 알 수 있다. 그러므로 시스템을 도입하고자 한다면 직원들을 믿고 이렇게 설득해보자.

"이 시스템은 여러분을 의심해서 만든 게 아닙니다. 우리 모두를 보호하기 위한 것입니다. 사람은 누구나 실수할 수 있고, 유혹에 흔들릴 수 있습니다. 이 시스템은 그런 상황 자체를 만들지 않기 위한 안전장치입니다. 운전할 때 안전벨트를 매는 것처럼요. 안전벨트를 맨다고 해서 운전자를 의심하는 게 아니듯, 이 시스템도 여러분을 의심하는 것이 아닙니다."

오해 4. "지금까지 아무 문제없었는데 굳이?"

예방 없이도 지금까지 사고가 없었던 건 순전히 운이 좋아서다. 대한민국의 횡령 범죄는 지난 10년간 117% 증가했다. 횡령 사고는 점점 더 자주, 더 크게 발생하고 있다. 금융권의 횡령 사건 피해 총액은 2018년 112억 8,400만 원에서 2019년 131억 6,300만 원으로 증가하더니, 2022년에는 7월까지만 집계했음에도 870억 원에 달했다.[6]

우려되는 건 횡령 범죄가 더 지능화되고, 더 대담해지며, 더 오랫동안 숨겨진다는 점이다. A은행의 직원은 2012년부터 2020년까지 무려 8년에 걸쳐 횡령을 저질렀고, 최종 횡령액은 697억 원이나 됐다. 그동안 내부에서는 이를 전혀 눈치채지 못했다. B저축은행에서는 본점 직원이 7년간 250차례에 걸쳐 횡령했고, C저축은행에서도 직원이 3개월간 59억 원을 횡령했다.

베어링스 은행의 닉 리슨도 처음부터 큰 금액을 노린 것

---

6   통계청, 〈범죄분석〉(2011~2020년 횡령 범죄 발생 건수 비교); 김한규 의원실(국회 정무위원회), "금융권 횡령 사건 현황", 2022.8. (금융감독원 제출 자료)

이 아니다. 적은 금액으로 시작해 들키지 않는다는 확신이 생기면 점점 규모가 커진다.

횡령 사고를 겪은 한 중소기업 대표는 이렇게 말했다.

"결국 횡령을 막을 수 있는 건 회사의 시스템이 얼마나 촘촘한지 여부다. 소 잃고 외양간 고치는 심정이지만, 좀 더 멀리 보고 다시는 이런 일이 발생하지 않도록 내부 통제 시스템을 더욱 강화하려 한다."

소를 잃기 전에 외양간을 고치는 노력은 거창한 시스템 구축의 문제가 아니다. 지금 당장 할 수 있는 작은 것부터 시작하는 관심과 경계의 태도다. 예방은 완벽함이 아니라 시작에서 나온다는 점을 다시 한번 강조한다.

예방을 위해 내일부터 할 수 있는 4가지

이론과 통계를 아무리 많이 봐도, 실천하지 않으면 소용이 없다. 규모나 상황에 관계없이, 모든 경영자가 내일부터 당장 시작하는 것이 중요하다. 다음 4가지부터 시작해보자.

첫째, 리더가 사용하는 법인카드 사용 내역을 살펴라.

당신을 비롯한 리더들이 사용하는 법인카드 사용 내역을 매월 꼼꼼하게 살펴라. 한 기업의 정직함과 건강함은 리더들의 솔선수범에서 비롯된다. 리더들이 업무와 관련 없는 비용을 습관적으로 사용한다면 직원들도 그 영향을 반드시 받게 된다. 리더가 회삿돈을 어떻게 아끼고 목적대로 사용하는지는 그 자체로 매우 중요한 공적 지침이 된다. 내가 재직했던 글로벌 기업 대부분이 대표이사를 비롯한 임원들의 법인카드 사용 내역을 정기적으로 검토하는 절차를 두었다. 스타트업 투자자들이 투자를 결정하기 전에 대표이사와 임원들이 사용하는 비용을 조사하는 것도 같은 이유라고 볼 수 있다.

둘째, 회사 통장 입출금 내역을 직접 확인하라.

회사의 주거래 통장을 열어보라. 지난 한 달간의 입출금 내역을 살펴보자. 모든 거래가 설명 가능한가? 의문이 드는 항목이 있는가? 한 경리직원은 출근 이틀째부터 회사 계좌에서 자신의 계좌로 돈을 이체하기 시작해 20분 뒤에 또다시 이체하기도 했다. 만약 대표가 주간 단위로 통장을 확인했다면 2주 만에 발견할 수 있었던 사고다. 이것만 주 1회 습관화해도 중대한 사고의 90%는 예방할 수 있다.

셋째, 지출 승인 금액 기준을 정하라.

종이 한 장이면 충분하다. 'OO만 원 이상의 지출은 대표 승인 필요'라고 써서 회계 담당자 책상에 붙여두어라. 금액은 회사 규모에 맞게 정하되, 처음에는 낮게 시작하는 것이 좋다. 나중에 높이는 건 쉽지만, 낮추기는 어렵다. 조금 더 체계화된 승인권 구조를 원한다면 리더들과 협의해 팀장, 임원, 대표이사 등의 단계를 나누어 전결권 절차를 명문화하라.

이때 주의할 점은 대표이사와 임원들도 그 규정 안에서 자신의 비용을 누군가에게 검토받도록 해야 한다는 것이다. 누군가가 자신의 비용을 바라보고 검토한다는 사실만으로도 사람들은 스스로 한 번 더 주의를 기울인다.

넷째, 외부 전문가와 30분만 통화하라.

거래하고 있는 세무사나 회계사에게 전화해 이렇게 물어

보자.

"우리 회사 규모에서 가장 먼저 해야 할 내부 통제가 뭔가

요?"

전문가에게 30분간 듣는 조언이 회사의 큰 손실을 막아

줄 수 있다.

8장

회계는 소통이다

투명성은 내부 소통으로부터

내가 CEO로 부임할 무렵 회사는 심각한 위기 상황에 있었다. 2년 전부터 실적이 서서히 하락하기 시작하더니 결국 창립 이래 처음으로 영업 적자가 예상됐다. 나는 CEO로서 가장 먼저 무엇을 해야 할지 고민했다. 그리고 그 일을 맡긴 주주에게 내 생각을 적어 보냈다.

'가장 시급하게 손을 대야 할 부분은 2가지입니다. 첫째는 내부 동요를 막기 위해 직원들과 진심으로 소통하는 것이고, 둘째는 우리가 해야 할 일을 신속하게 추진할 팀을 구성하는 것입니다.'

나는 CEO로서 가장 먼저 할 일이 직원들에게 상황을 가

감 없이 공유하는 것이라 생각했다. 그래서 본사와 공장 직원들을 모아 설명회를 열었다. 회사의 상황을 있는 그대로 공개하고, 향후 진행 방향과 조직 개편 방침을 비교적 자세히 전달했다. 그것이 턴어라운드의 시작이었다.

피터 드러커Peter Drucker와 같은 저명한 경영학자들은 이미 오래전부터 직원 참여 경영의 중요성을 강조했다. 그는 직원들이 단순히 지시를 따르는 것을 넘어, 회사의 의사결정 과정에 참여해 주인의식을 갖는 것이 중요하다고 역설했다. 하지만 현실에서 학자들의 철학과 주장은 추상적인 개념이나 말에 머무르기 쉽다. 이 철학에 실질적인 힘을 불어넣는 계기를 마련한 것은 회계 정보를 투명하게 공유하기 시작한 경영자들이다.

그중 '공개 장부 경영Open-Book Management'의 창시자라 불리는 잭 스택Jack Stack을 언급하지 않을 수 없다. 그는 1983년 직원들의 출자를 통해 엔진 리빌딩 회사 스프링필드 리매뉴팩처링SRC을 인수했다. 당시 회사는 파산 직전이었으나, 스택은 직원들에게 회사의 재정 상태를 모두 공개하고 스스로 경영 결정을 내리게 하자는 파격적인 아이디어를 실행으로 옮겼다. 그는 그 방안의 실효성을 높이기 위해 모든 직원이 손익계산서와 대차대조표를 읽을 수 있도록 회계 지식을 가르쳤다. 회계에 눈을 뜬 직원들은 주인의식을 가지고 비용 절감, 생산성 향상 방안을 직접 찾아냈고, 이는 회사를 파산 위기에서 구하고 성공적인 기업으로 탈바꿈하는 데 결정적인 역할을 했다. 스택의 경영 철학은 그의 저서《드림 컴퍼니^{The Great Game of Business}》에 담겨 널리 알려졌다.

스택의 성공 이후, 공개 장부 경영은 단순한 실험을 넘어 하나의 경영 철학으로 자리 잡기 시작했다. 하지만 중요한 건 단순히 숫자를 공개하는 것이 아니라, 그 숫자가 의미하는 바를 직원들이 오롯이 이해하고 행동으로 옮기게 만드는 과정이다. 많은 기업이 재무 정보를 공개하고도 변화에 실패한 이유는 명확하다. 정보의 공유와 정보의 이해는 전혀 다른 차원의 문제이기 때문이다. 회계 장부를 공개해놓고 "우리는 투명하다"라고 선언하는 것만으로는 충분하지 않다. 직원들이 그 정보를 해석하고, 자신의 업무와 연결 짓고, 구체적인 행동 변화로 이어지게 하는 체계적인 교육과 소통의 구조가 필요하다.

턴어라운드 경영에 나선 나는 전 직원 미팅에서 주요 지표와 숫자를 바탕으로 회사 상황을 자세히 설명했다. 4개 사업부 중 3곳의 매출이 계속 감소하고 있으며, 그해 영업이익은 적자로 전환될 가능성이 높다는 사실을 설명했다. 더 심각한 문제로 현금 고갈이 이미 시작됐다고도 말했다. 이 말은 곧 우리가 현명하게 대처하지 못하면 거래처에 제때 결제를 하지 못하거나 직원 급여가 밀릴 수도 있다는 뜻임을 공개적으로 밝혔다. 그 자리에 참석한 직원들의 표정이 일순간 얼어붙었다. 나중에 알게 된 사실인데, 그런 상황을 직원들에게 말해준 이가 아무도 없었다고 했다. 직원들은 회사가 아무 문제 없이 건실하게 잘 운영되고 있다고 믿고 있었다. 그런데 갑자기 급여가 밀릴 수도 있다는 말을 들었으니 분명 충격을 받았을 것이다. 하지만 다음 날 많은 직원이 나를 찾아와 상황을 솔직하게 말해주어 고맙다고 인사했다. 그들은 두려움에 굴복하기보다 정확하게 상황을 파악했으니 더욱더 최선을 다하겠다고 마음먹었다. 그 결과 회사는 1년이 채 지나기도 전에 현금 문제에서 완전히 탈출했다.

투명성이 작동하는 3가지 조건

투명성이 실질적인 변화를 만들어내려면 3가지 핵심 조건이 충족되어야 한다.

첫째, 맥락을 제공해야 한다. 숫자만 던져주는 것이 아니라, 그 숫자가 어떤 의미를 갖는지, 업계 평균과 비교했을 때 우리의 위치는 어디인지, 이 지표가 개선되면 직원들에게 어떤 혜택이 돌아오는지를 함께 설명해야 한다. 브라질 기업 셈코Semco의 리카르도 세믈러Ricardo Semler 회장은 이렇게 말했다.

"직원들에게 회사의 재무제표를 보여주어도, 그것이 그들의 소득에 어떻게 연결되는지 명확히 알려주지 않으면 아무 의미가 없다."

이 점은 인간 본성에 대한 이해와도 맥을 같이한다. 사람은 자신에게 이익이 될 때 더 적극적으로 반응한다. 그러므로 맥락을 제공하라는 건 결국 회사와 직원들에게 어떤 이익이 돌아가는지를 알려주라는 것과 같은 의미다.

둘째, 지속적으로 교육해야 한다. 회계는 일반 직원들에게 낯선 언어다. 손익계산서의 매출총이익과 영업이익의 차

이, 현금흐름과 당기순이익의 차이를 이해하지 못하면, 공개
된 정보는 그저 의미 없는 숫자의 나열일 뿐이다. 잭 스택은
이를 위해 정기적인 '비즈니스 리터러시' 교육 프로그램을 운
영했고, 게임화된 학습 도구까지 동원해 직원들이 재무 지표
를 직관적으로 이해할 수 있게 만들었다.

셋째, 권한 위임이 이루어져야 한다. 정보를 공유하면서
도 의사결정은 여전히 경영진만 내린다면, 이는 투명성이 아
니라 전시행정일 뿐이다. 진정한 투명성은 직원들에게 정보
와 함께 그 정보를 바탕으로 결정할 권한을 부분적이나마 부
여하는 것이다. 홀푸드마켓Whole Foods Market은 각 매장의 팀
이 직원 채용을 직접 결정하고, 그 팀의 생산성 지표가 곧 팀
원들의 보너스로 연결되는 시스템을 운영해왔다. 이는 투명
성이 단순한 정보 공개를 넘어, 권한과 책임의 분산으로 이어
질 때 비로소 힘을 발휘한다는 사실을 보여준다.

투명성이 만드는 선순환

투명성이 높아지면 여러 가지 긍정적 효과가 나타나는
데, 그중에는 경영자가 미처 기대하지 못했던 것도 있다. 회사
상황이 어렵다는 걸 알게 된 직원들은 오히려 더 헌신적으로

변한다. 정보가 차단됐을 때는 불확실성과 불안이 증폭되지만, 상황을 정확히 알고 나면 문제 해결을 위해 스스로 나서게 된다. 2008년 세계 금융위기 당시 많은 기업이 구조조정을 단행했지만, 재무 상황을 투명하게 공유하고 직원들과 함께 해법을 모색했던 기업들은 훨씬 낮은 이직률과 높은 위기 극복 속도를 보였다.

MIT[1]를 비롯한 여러 연구들은 정보가 투명하게 공유될수록 직원들이 더 많이 제안하고, 그 제안이 실제 성과로 이어질 가능성도 커진다고 말한다. 이유는 단순하다. 회사의 전체 상황을 볼 수 있어야 단편적인 개선이 아니라 핵심 문제를 해결하는 아이디어를 내놓을 수 있기 때문이다.

오늘날은 기술이 발달해 정보를 투명하게 공유하기가 훨씬 쉬워졌다. 과거에는 재무 정보를 정리하고 공유하는 것 자체가 상당한 노력을 요구했지만, 지금은 실시간 대시보드를

---

1   Zeynep Ton, The Good Jobs Strategy, Houghton Mifflin Harcourt, 2014. (MIT
    슬론경영대학원 제이넵 톤 교수는 저서를 통해 정보를 투명하게 공유하고 직원을 신
    뢰할 때, 직원들의 문제 해결 능력이 향상되고 기업 성과가 개선된다는 사실을 입증
    했다.)

통해 모든 직원이 회사의 주요 재무 지표를 언제든 확인할 수 있다. 자체 프로그램이 없어도 상관없다. 스타트업들은 메신 저앱 슬랙Slack 채널에 일일 매출, 고객 증가율, 현금 보유액 같은 정보를 자동으로 업데이트해 공유한다.

정보가 시차 없이 공유되면 조직 전체가 같은 리듬으로 호흡할 수 있다. 마케팅팀은 매출 지표를 보며 캠페인 전략을 즉각 조정하고, 개발팀은 고객 이탈률을 보며 제품 개선의 우선순위를 판단한다. 정보가 흐르는 속도가 의사결정의 속도를 결정하고, 이는 곧 시장에서의 경쟁력으로 직결된다.

결국 투명성은 단순히 정보를 공개하는 기법이 아니라, 조직문화를 근본적으로 바꾸는 철학이다. 정보가 권력이 되는 위계적 조직에서 정보가 공유자산이 되는 수평적 조직으로의 전환, 직원들을 관리와 통제의 대상으로 보는 시각에서 함께 문제를 해결하는 동료로 보는 시각으로의 전환. 이것이 바로 투명성이 가져오는 가장 본질적인 변화다.

우리는 이미 피터 드러커가 말한 '지식 근로자의 시대'를 살고 있다. 오늘날의 직원들은 과거처럼 지시를 수행하는 존재가 아니다. 그들은 정보를 해석하고, 판단하고, 창조할 수 있는 능력을 갖춘 전문가다. 그들에게 정보를 숨기는 것은 조직의 집단지성을 스스로 차단하는 행위나 다름없다. 이제 투명성은 선택이 아닌 필수가 됐고, 이를 먼저 받아들인 조직들이 더 뛰어난 인재를 끌어모으고 성장과 혁신을 주도하는 시대가 됐음을 인식하는 것에서 진정한 변화가 시작된다.

외부와의 소통, 시장과 맺는 신뢰의 계약

2015년, 독일의 자동차 부품 제조업체 한 곳이 파산 직전까지 내몰렸다. 이 기업은 기술력도 뛰어났고 주요 완성차 업체들과 장기 계약을 맺고 있었다. 그런데 왜 파산 위기를 맞았을까? 문제는 갑자기 찾아온 것이 아니었다. 2년 전부터 실적이 악화되고 있었지만, 경영진은 이를 은행과 주요 거래처에 제대로 알리지 않았다. 그저 '일시적 어려움'이라고 일축했고, 재무제표의 일부 항목을 모호하게 처리했다. 그러다 어느 날 현금흐름 문제가 표면화됐고, 은행은 뒤늦게 상황의 심각성을 인지했다. 신뢰는 순식간에 무너졌다. 은행은 추가 대출을 거부했고, 거래처들은 신용 거래를 중단했다. 결국 법정관리에 들어갔고, 수백 명의 직원이 일자리를 잃었다.

만약 이 기업이 2년 전에 상황을 투명하게 공유하고 자체적으로 구조조정 계획을 수립해 은행을 설득하려 노력했다면 어땠을까? 이미 큰돈을 빌려준 은행은 그 기업이 망하는 것을 바라지 않을 테니 채무 연장을 검토했을 것이고, 거래처도 협력 방안을 모색했을지 모른다. 어쩌면 그 위기는 관리가 가능했을 수도 있고, 기업은 안전하게 지켜졌을 수도 있다. 하지만 소통의 부재는 위기를 재앙으로 키웠다.

이 사례는 회계를 통한 외부 소통이 단순한 법적 의무가 아니라, 기업 생존의 필수 조건임을 극명하게 보여준다. 조직 내부의 소통이 직원들과의 신뢰를 구축한다면, 외부와의 소통은 기업이 시장에서 생존하고 성장하기 위한 생명줄과 같다. 특히 상장기업에는 회계가 단순한 장부 기록을 넘어 투자자, 채권자, 규제기관, 일반 대중과 맺는 '신뢰의 계약'이자 시장과의 지속적인 대화 수단이다.

한국에서 상장기업은 금융위원회와 한국거래소의 엄격한 관리하에 광범위한 공시 의무를 진다. 공시는 크게 3가지 축으로 구성되어 있다.

첫째, '정기공시'다. 사업보고서와 분기/반기보고서를 통해 기업의 재무 상태, 경영 성과, 사업 전략을 정기적으로 보고한다. 기업이 시장에 제출하는 성적표라 이해하면 된다. 매출과 이익은 물론 자산과 부채 구조, 현금흐름, 주요 위험 요인까지 상세히 공개된다. 투자자들은 이 정보를 바탕으로 기업가치를 평가하고 투자 결정을 내린다.

둘째, '수시공시'다. 기업 경영에 중대한 영향을 미치는 변동이 있으면 즉각 공시해야 한다. 대규모 인수합병, 주요 계약 체결이나 해지, 대규모 자금 조달, 주요 임원 변동, 소송 제기 등이 이에 해당한다. 예를 들어 한 제약회사가 신약 임상시험에서 긍정적 결과를 얻었다면 즉시 공시되어야 한다. 주가에 직접적인 영향을 미치는 정보이기 때문이다. 반대로 대형 소송에서 패소했다면 이 역시 지체 없이 알려야 한다.

셋째, '공정공시'다. 쉽게 말해 정보의 비대칭을 방지하기 위한 장치다. 과거에는 대형 기관투자자나 증권사 애널리스트들이 기업 경영진과 개별적으로 만나 일반 투자자는 알 수 없는 정보를 먼저 얻는 경우가 많았다. 공정공시 제도는 특정인에게 중요 정보를 제공했다면 모든 시장 참여자에게도 동시에 공개하도록 강제한다. 예컨대 IR(투자자 관계) 미팅에서 실적 전망을 언급했다면, 그 내용은 즉시 공시되어야 한다.

이런 공시 체계가 천명하는 바는 명확하다.

'우리는 약속된 시점에, 정확한 내용으로, 모든 이해관계자에게 공정하게 정보를 제공하겠습니다.'

시장은 이 약속을 믿고 천문학적인 자본을 투입한다. 주주는 주식을 매입해 장기 보유하고, 채권자는 수천억 원을 빌려주고, 거래처는 외상 거래를 허용하는 모든 경제활동의 토대가 회계를 통한 투명한 소통을 전제로 이루어진다. 숫자는 거짓말을 하지 않는다는 믿음, 기업이 진실을 말한다는 신뢰가 자본주의 시장경제의 기반인 것이다.

그렇다면 모든 기업이 이 약속을 성실히 지킬까? 안타깝게도 그렇지 않다. 2025년 3월까지 불성실 공시법인으로 지정된 기업은 31개로, 전년 동기 대비 47.6% 증가한 수치다. 약속을 깬 대가는 혹독하다. 불성실 공시법인으로 지정되면 기업은 여러 제재를 받는다. 유가증권시장이나 코스닥시장에서 관리종목으로 지정되고, 기관투자자들의 투자 대상에서 제외되며, 신규 자금 조달이 사실상 불가능해진다. 더 치명적인 것은 시장의 심리적 반응이다. '이 기업은 믿을 수 없다'라는 꼬리표가 붙으면, 아무리 좋은 실적을 발표해도 의심의 눈초리를 받는다. 주가는 동종 업계 대비 할인되어 거래되고, 인재

영입도 어려워진다.

　실제 사례를 보자. 2015년, 대한민국을 뒤흔든 대우조선해양(현 한화오션)의 분식회계 사태는 시장의 신뢰가 얼마나 무서운지를 보여주는 대표적인 사례다. 당시 경영진은 수주 산업의 특성을 악용해 예정 원가를 축소하고 매출을 부풀리는 방식으로 1조 5,000억 원대의 영업손실을 재무제표에 은폐했다. 하지만 감춰진 부실은 결국 드러나기 마련이다. 경영진이 교체되며 그동안 은폐된 손실이 한꺼번에 반영되자 Big Bath(잠재적 부실과 불확실성을 한꺼번에 실적에 반영해 대규모 적자를 기록하는 회계적 조치), 시장은 경악했다. 이 사실이 알려진 당일 주가는 하한가(30%)까지 곤두박질쳤고, 시가총액은 하루 만에 2조 원 가까이 증발했다. 이후 수년간의 경영 정상화 과정에서 기업과 주주 그리고 채권단이 치러야 했던 수업료는 천문학적인 수준이었다.

　이와 같은 의도적 분식회계는 아니더라도 공시를 자주 정정하거나 지연하는 것만으로도 회사는 망가질 수 있다. 2021년 쌍용자동차 인수전에 뛰어들어 주가가 급등했던 코스닥 상장사 에디슨EV(현 스마트솔루션즈)의 사례가 대표적이다. 이 회사는 대규모 자금 조달 계획을 발표해 투자자들을 모았지만, 이후 납입 대상을 수시로 변경하거나 일정을 수차례 연기했다. 한국거래소는 이를 투자자의 판단을 흐리는 중대한 위반으로 보아 에디슨EV를 불성실 공시법인으로 지정했다. 경영진은 '투자 유치 과정에서의 변수'라고 해명하고 싶었겠지만, 시장은 이를 '신뢰할 수 없는 기업'이라는 신호로 받아들였다. 결국 주가는 고점 대비 90% 이상 폭락했고, 소액주주들은 막대한 피해를 입었다. 많은 투자자가 "자신들이 뱉은 말(공시)조차 지키지 못하는 경영진을 믿을 수 없다"라며 등을 돌린 것이다.

회계를 통한 소통이 왜곡될 때 어떤 재앙이 초래되는지 보여준 또 다른 예로 2001년 엔론Enron 사태를 꼽을 수 있다. 한때 미국 7위 거대 기업이었던 엔론은 복잡한 특수목적법인 SPV을 활용해 수십억 달러의 부채를 재무제표 밖으로 숨겼다. 실적은 조작됐고, 손실은 은폐됐다. 겉으로는 견고한 수익성을 자랑했지만, 내부는 부실로 가득했다.

엔론의 외부 감사인이었던 아서앤더슨Arthur Andersen은 당시 세계 5대 회계법인 중 하나였다. 하지만 그들은 엔론의 분식회계를 눈감아줬고, 심지어 증거 문서를 파기하기까지 했다. 진실이 드러나자 엔론은 몇 주 만에 파산했다. 주가는 90달러에서 1달러 미만으로 폭락했고, 2만 명의 직원이 일자리를 잃었으며, 투자자들은 740억 달러의 손실을 떠안았다. 아서앤더슨도 해체됐다. 100년 역사의 명문 회계법인이 하루아침에 사라진 것이다.

엔론 사태의 진짜 충격은 단일 기업의 몰락을 넘어섰다. 이 사건은 회계감사 제도 전체에 대한 신뢰를 뿌리째 뒤흔들었다.

"회계사들도 믿을 수 없다면, 도대체 누구를 믿어야 하는가?"

이에 미국 정부가 즉각 대응에 나서 2002년 사베인스-옥슬리법 Sarbanes-Oxley Act, SOX이 제정됐다. 이 법에 따라 CEO와 CFO에게 재무제표의 정확성을 개인적으로 보증하도록 강제하고, 내부 통제 시스템을 대폭 강화하며, 회계법인의 독립성을 엄격히 규제한다. 위반 시에는 경영진이 형사처벌을 받을 수 있도록 법제화했다.

엔론 사태는 회계 투명성이 단순한 윤리의 문제가 아니라, 시장경제의 존립을 좌우하는 핵심 인프라임을 일깨워준 사건이었다.

기업의 성장 단계와 소통의 확장

지금까지의 사례를 접하고 '우리는 상장기업이 아니니 괜찮아'라고 생각한 사람이 있다면, 큰 오산이다. 규모와 관계 없이 모든 기업은 외부와 소통한다. 아무리 작아도 은행이나 정부기관과 관계를 맺고, 거래처들과 신용을 바탕으로 거래해야만 한다. 비상장 기업이라 하더라도 은행 대출을 받으려면 최소 3년 치 재무제표를 제출해야 하고, 사모펀드나 벤처 캐피털로부터 투자를 유치하려면 경영 실적을 상세히 공개해야 한다. 주요 거래처와의 대규모 신용 거래 역시 재무 건전성에 대한 신뢰가 전제되어야 가능하다.

하지만 소기업과 중견기업은 상장기업만큼 엄격한 법적 공시 의무가 없다 보니 소통의 의무를 간과하기 쉽다. 많은 초기 창업자가 "숫자보다 비전과 영업이 중요하다"라고 말하며 회계를 뒷전으로 미룬다. 하지만 아이러니하게도 투자자를 설득하고, 거래처와 신뢰를 맺고, 은행 대출을 받아내고, 심지어 직원들의 불안을 잠재우는 순간마다 가장 강력한 무기는 늘 회계였다. 따라서 회계를 활용한 소통을 게을리하지 않아야 하며, 규모가 커질수록 소통의 범위를 넓혀야 한다.

- 창업 초기(1~5명): 대표와 공동창업자들 사이의 신뢰. 월별 현금흐름표와 손익계산서의 단순한 버전만 공유해도 충분하다.
- 소규모 성장기(10~30명): 팀장이 생기고 직원들의 책임이 커지는 단계. 이때는 사업부별 매출, 비용 구조를 간단히 보여주는 것만으로도 '내가 하는 일이 숫자로 연결된다'라는 감각을 심어줄 수 있다.
- 중견기업(수백 명): 투자자, 은행, 거래처와 적극적으로 대화를 해야 한다. 이 단계에서 회계는 법적 보고를 넘어, '우리는 신뢰할 수 있는 파트너'라는 증거가 된다.
- 상장기업: 회계는 전 세계 투자자와 맺는 공개 계약이다. 단 한 번의 왜곡으로도 수십 년간 쌓은 신뢰를 잃을 수 있다. 따라서 공시와 관련한 법적 가이드를 철저히 준수하면서 시장과 투명하게 소통해야 한다.

이처럼 기업의 규모가 달라지면 회계 소통의 깊이와 넓이가 달라지지만, 본질은 동일하다. 숫자를 숨기지 말고, 이해할 수 있는 언어로 풀어내야 한다는 것이다. 재무제표는 단순히 숫자를 기록한 문서가 아니라, 회사의 상황을 요약해 외부와 내부 모두의 신뢰를 구축하는 메시지이자 외부와 나누는 대화의 출발점이기 때문이다.

회계를 통한 투명한 소통은 눈에 보이는 자산을 넘어, '신뢰'라는 보이지 않는 자산을 쌓는 과정이다. 신뢰가 쌓이면 자본은 더 낮은 비용으로 조달되고, 직원들은 더 오래 머물며, 고객은 더 충성스럽게 남는다. 반대로 신뢰가 무너지면 눈에 보이는 자산이 아무리 커도 순식간에 증발한다.

회계는 과거를 기록하는 단순한 도구를 넘어, 현재를 진단하고, 미래의 방향을 제시하며, 모든 이해관계자와 소통하는 가장 정직하고 강력한 언어다. 내부적으로는 직원들에게 주인의식을 부여하고, 외부적으로는 시장과의 신뢰를 쌓아 기업의 생명력을 연장하는 도구다. 이제 투명성은 단순히 윤리의 문제가 아니라, 기업이 지속 가능한 성장을 이루는 데 핵심적인 전략이자 철학이 됐다.

따라서 경영자는 회계를 단순히 숫자를 기록하는 기술이 아닌, 조직과 시장을 잇는 언어이자 신뢰를 쌓아가는 강력한 도구로 활용해야 한다. 회계를 외면하는 순간, 경영자는 가장 중요한 소통 수단 하나를 버리는 셈이다.

리더에게 필요한 회계 소통 기술

첫째, 공개의 범위를 판단하자.

소통이 중요하다는 생각이 머릿속을 지배하면 모든 정보를 공개하려는 마음을 갖기 쉬운데, 과유불급過猶不及이다. 과도한 정보는 직원들의 불안을 키우거나 기밀 정보의 유출 등 부정적인 결과를 가져올 수도 있다. 리더에게 중요한 것은 균형이다.

리더가 공개해야 하는 것은 '왜'와 '무엇'이다. 지금 회사의 위치, 회사가 맞닥뜨린 기회와 위기 그리고 앞으로 나아갈 방향. 이런 것이 직원들에게 맥락을 알려줄 수 있는 가장 중요한 정보다. 반면 '어떻게'에 해당하는 구체적 전략과 전술은 외부로 유출될 경우 위기를 초래할 수 있다고 판단되면 공개하지 않는 것이 바람직하다.

둘째, 숫자에 스토리를 입히자.

"우리의 영업이익률이 지난 분기보다 2% 하락했습니다."

"우리의 영업이익률이 2% 하락했습니다. 이는 미래 성장을 위해 R&D 투자를 5% 늘렸기 때문이며, 이 투자를 통해 1년 안에 시장을 선도할 신제품을 선보일 것입니다."

두 소통 방식의 차이가 느껴지는가? 똑같은 사실을 전달했지만, 후자에는 전자에 생략된 원인과 기대 효과, 즉 과거와 미래가 담겨 있다. 회계를 알기 쉬운 '이야기'로 바꿀 때 모두가 쉽게 이해할 수 있다.

회계는 소통의 '재료'일 뿐, 그 자체로 '요리'가 되지는 않는다. 재무제표라는 날것의 재료를 가지고 우리 회사의 과거와 현재, 미래에 대한 설득력 있는 이야기를 만들어내는 것은 오롯이 리더의 몫이다. 한 스타트업 CEO는 매달 발표하는 재무제표를 만화 스토리보드 형식으로 바꿔 직원들에게 공유했다. 덕분에 엔지니어, 디자이너, 마케터 모두 재무 상황을 직관적으로 이해하며 동일한 목표에 집중할 수 있었다.

셋째, 정기성과 일관성을 확보하자.

소통은 단발성 이벤트로 끝나면 아무런 효과가 없다. 재무 상황을 불시에 갑자기 공유하면 직원들은 불안을 먼저 느낀다. 회계 정보는 일정한 주기를 정해 공유해야 한다. 예를 들어 매월 첫째 주 월요일은 재무 브리핑, 분기별 마지막 주는 사업부별 성과 리뷰 등 규칙을 만들자. 정기성과 일관성은 직원들에게 '회사의 정보는 정확한 때에 공개된다'라는 신뢰를 주고, 소문이나 추측에 휩쓸리지 않고 공식 정보를 통해 판단하게 만든다.

넷째, 쌍방향 대화를 설계하자.

소통은 일방적 전달이 아니다. 회계 정보를 공개하면 직원들이 자유롭게 질문하고 의견을 제시할 수 있어야 한다. 이를 위해 Q&A 세션, 익명 제안함 등을 운영할 수 있다. 예를 들어 한 중견기업은 '재무 클리닉 데이'를 열어 직원들이 "왜 이번 달은 현금 유동성이 줄었나요?", "이 지표가 우리 성과급과 어떻게 연결되나요?"와 같은 질문을 하고 재무팀장이 직접 답변하는 자리를 마련했다. 그 결과 직원들의 몰입도와 신뢰도가 크게 높아졌다. 직원은 단순히 정보를 전달받는 사람이 아니라, 함께 해답을 찾는 동료로 자리매김해야 한다.

다섯째, AI를 소통에 활용하자.

재무제표를 스토리로 전달하라고 하면 막연한 부담감을

느끼는 경영자들이 있다. 메시지 전달이나 스토리텔링에 서툴다고 생각해서일 텐데, 이때는 AI를 활용하면 큰 도움이 된다. 1년 결산 회의에서 직원들에게 전할 메시지를 어떻게 만들까? 회사의 사업보고서 자료를 챗GPT에 넣고 다음과 같이 스크립트를 입력하면 된다.

'당신은 이 회사의 경영자입니다. 2024년 결과와 기업의 상황에 대해 사업보고서에 근거하여 타운홀 미팅에서 직원들에게 할 연설문을 써주세요.'

예를 들어보겠다. DART^{dart.fss.or.kr}(금융감독원 전자공시 시스템)에서 조회한 '무신사'의 2024년 사업보고서를 챗GPT에 올린 뒤 위와 같이 입력했더니 나의 챗GPT는 다음과 같은 연설문을 작성해줬다.

무신사 2024년 성과 공유 타운홀 연설문 (예시)

여러분, 안녕하세요. 오늘 이렇게 한자리에 모인 이유는 단순한 실적 발표가 아니라, 우리가 함께 걸어온 2024년을 돌아보고 앞으로 나아갈 길을 함께 이야기하기 위해서입니다.

1. 우리가 함께 만든 성과

2024년은 쉽지 않은 해였습니다. 하지만 고물가와 고금리, 소비 위축이라는 외부 환경 속에서도 우리는 흔들리지 않았습니다. 그 결과 무신사는 매출 1조 2,427억 원을 달성했습니다. 전년 대비 25% 이상 성장한 수치입니다. 특히 무신사 스탠다드는 고객들의 일상 속 기본 브랜드로 확실히 자리잡았고, 29CM는 감도 높은 큐레이션으로 더 많은 고객을 끌어들였습니다.

우리 플랫폼에서는 무려 4만여 개의 브랜드와 소비자가 연결됐고, 그 과정에서 수많은 창작자와 디자이너가 성장의 기회를 얻었습니다. 이 모든 성과는 바로 이 자리에 있는 여러분의 노력 덕분입니다.

2. 우리가 직면한 도전

하지만 여러분, 솔직히 말하겠습니다. 우리 앞에는 결코 가볍지 않은 과제들이 놓여 있습니다. 패션 산업은 계절과 경기의 영향을 크게 받습니다. 소비가 줄어드는 순간, 재고 리스크는 바로 현실이 됩니다. 또한 전자상거래법과 플랫폼 규제는 점점 강화되고 있습니다. 투자자들은 IPO와 글로벌 확장을 요구하고 있습니다. 이런 도전들을 가볍게 여길 수는 없습니다. 그러나 저는 확신합니다. 위기를 정직하게 마주하는 순간, 해법을 찾아낼 수 있다는 것을요.

3. 지금 우리의 위치

우리의 현재 위치는 단단합니다. 현금성 자산 6,824억 원을 보유하고 있으며, 단기 안정성은 확실히 확보했습니다. 글로벌 투자자들, KKR과 웰링턴 같은 세계적인 자본이 우리와 함께하고 있습니다. 오프라인 매장은 전국 27개로 확대됐고, 해외 진출의 발판도 마련했습니다. 즉 우리는 '한국의 온라인 패션 플랫폼'을 넘어, 글로벌 취향 커머스 기업으로 성장할 준비가 되어 있습니다.

4. 우리의 미래, 우리의 비전

앞으로 우리는 3가지 방향에 집중하겠습니다.

플랫폼 강화: 더 정교한 AI 기반 추천과 데이터 큐레이션으로 고객이 무신사에서 '취향의 발견'을 하도록 만들겠습니다.

브랜드 성장: 무신사 스탠다드를 글로벌 무대에서 인정받는 브랜드로 키워내겠습니다.

지속 가능한 확장: 중고거래, 가죽·가방·신발 제조업 그리고 친환경 소재와 리사이클링 패션으로 ESG를 실천하겠습니다.

이것은 단순히 회사의 성장이 아니라, 여러분이 자랑할 수 있는 회사, 여러분 커리어의 성장을 함께 담보하는 길입니다.

5. 여러분께 드리는 메시지

무신사는 이름 그대로 '무진장 신발 사진이 많은 곳'에서 출발했습니다. 그리고 지금, 아시아를 넘어 세계 무대에서 인정받는 기업으로 나아가고 있습니다. 이 과정에서 가장 큰 힘은 언제나 '사람'이었습니다. 고객을 이해하고, 브랜드와 파트너를 존중하며, 새로운 도전을 두려워하지 않는 여러분이 무신사의 브랜드이고, 무신사의 미래입니다. 2025년, 우리는 다시 한번 더 큰 도전을 시작합니다. 그리고 저는 그 길을 여러분과 함께 걷고 싶습니다. 여러분, 수고 많으셨습니다. 그리고 감사합니다.

예시이지만 그럴듯하지 않은가? 이제는 몇 년 치 회계보고서와 더불어 당신의 비전, 생각 등을 AI에 공유하면 어렵지 않게 조직 안팎에 공유할 스토리를 만들 수 있다. 거기에 당신의 주관과 느낌을 반영해 당신의 언어로 만들어갈 수 있다. 지금 당장 AI를 활용해보자. 분명 큰 도움을 받을 것이다.

9장

회계는 통찰이다

통찰을 위한 5가지 툴킷

2명의 신임 경영자가 나를 찾아왔다. 그들에게는 2가지 공통점이 있었는데, 처음으로 CEO 자리에 앉았다는 것과 두 회사 모두 위기 상태라는 것이었다. 그들은 각각 회사의 재무제표를 들고 나를 찾아왔고, 나는 설명을 들은 후 한 가지 과제를 주었다. 일주일 동안 재무제표를 살펴보며 회사를 어떻게 경영할지 계획을 적어보라는 것이었다.

일주일 후 그들이 가져온 계획은 성격이 전혀 달랐다. A는 매출에 초점을 맞춰 몇 년간 횡보하거나 하락한 매출을 다시 끌어 올리기 위한 방안을 적어왔다. 계획의 골자는 품질 관리와 마케팅이었다. 두 기능에 대한 예산을 대폭 삭감한 것이 이

전 경영자의 패착이라고 진단한 A는 그 부분을 복원해 반전을
노리겠다고 했다.

반면 B는 비용에 초점을 두었다. 매출이 줄어든 만큼 비
용을 연동해 축소하지 않은 전임 경영자의 실수를 언급하며
지금이라도 비용을 통제하겠다는 계획을 세웠다. 특히 직원
수가 너무 많아 고정비가 높다며 구조조정을 실시하겠다고
말했다.

나는 A에게 이렇게 질문했다.

"그 계획을 실현할 자금은 어떻게 조달하시겠어요?"

B에게도 비슷한 질문을 했다.

"구조조정에 필요한 자금은 어떻게 조달하시겠어요?"

그리고 두 사람 모두에게 이 질문을 했다.

"당신의 회사를 이대로 두면 6개월 후에 무슨 일이 벌어
질까요?"

지금까지 회계의 다양한 면을 살펴보았다. 당신이 다소
부담스럽게 느꼈을지도 모를 회계를 언어, 개념, 관찰, 결과,
관리, 전략, 예방, 소통의 측면에서 파고들며 깊이 있게 느껴
보았다. 지금까지 시도해본 적 없는 의미 있는 작업이었을 것

이다.

마지막 장을 시작하며, 지금까지의 작업을 아우르며 하나의 그림으로 완성하는 단어가 무엇일지 고민했다. 그리고 '통찰'이라는 단어를 떠올렸다.

통찰은 '사물을 꿰뚫어洞 살핀다察'라는 뜻이다. 즉 '겉을 뚫고 들어가 살핀다'라는 뜻으로, 표면을 넘어 본질을 본다는 의미가 있다. 그렇다면 회계에서의 통찰insight이란 숫자 너머에 있는 의미와 본질을 찾는 것이라 할 수 있겠다. 결국 당신이 갖추어야 할 회계 감각의 끝은 통찰로 이어진다.

통찰력을 높이는 방법은 무엇일까? 여기에서는 5가지 방법을 소개하고자 한다. 이 5가지는 하나의 몸을 만드는 것과 같다. 먼저 사고의 뼈대를 세우고(가정과 의도), 그 위에 근육과 신경을 붙이는 작업이 될 것이다(시간, 해상도, 실행). 뼈대는 당신이 어떻게 생각할 것인지를, 근육과 신경은 당신이 보고 움직이는 방식을 결정한다. 그럼으로써 당신이 한층 다채롭고도 깊이 있게 회계를 사용할 수 있는 통찰을 제공할 것이다.

첫 번째 통찰법: '가정'을 활용한다

가정假定이란 결론에 앞서 논리의 근거로 어떤 조건이나 전제를 내세우는 것을 말한다. 회계의 통찰을 이야기하면서 가장 먼저 언급할 만큼 회계에서는 가정이라는 접근이 중요하다.

더욱 명확한 이해를 위해 앞서 소개한 예시로 돌아가자. 내가 보기에 두 사람 모두 실수를 했다. 재무제표를 보면서 문제점을 찾는 것은 누구나 할 수 있다. 그리고 많은 사람이 그것을 성공의 길이라 착각한다. 하지만 위기에 빠진 기업의 경영자가 가장 먼저 '어떻게 반등시킬 수 있을까?'부터 생각한다면 오히려 그 상황에서 벗어나지 못할 가능성이 높다. 전임 경영자들이 그 상황에서 벗어나지 못한 이유가 그들이 무능해서만은 아닐 것이다. 그들도 숱한 노력을 했을 것이다. 그럼에도 상황을 바꾸지 못했을 것이다. 그만큼 어려운 일이 분명하다.

그들은 가장 먼저 회사의 현실을 그대로 보는 선택을 했어야 했다. 어디에 있는지 정확히 알아야 어디를 향해 갈지, 어떻게 갈지 알 수 있다.

현실을 인식하는 가장 효과적인 방법은 바로 가정이다.

"당신의 회사를 이대로 두면 6개월 후에 무슨 일이 벌어질까요?"

내가 던진 이 질문을 스스로 먼저 했다면 그들은 회사가 처한 상황을 해부하듯 파악하는 일부터 했을 것이다. 두 기업 모두 정도의 차이는 있었지만 그대로 둔다면 몇 개월 후, 길게 잡아도 6개월을 넘기지 못하고 부도가 날 수 있는 상황이었다. 현금은 말라가고 있었고, 영업현금흐름은 적자를 벗어나지 못했으며, 부채는 늘어갔다. 이런 전개에 그들은 큰 충격을 받았을 것이다. 그들이 가장 피하고 싶은 그림 아니겠는가. 그래서 그들은 회피하고 싶었는지도 모른다. 그래서 현실을 직시하는 대신 미래를 그리려고만 했는지도 모른다. 하지만 그렇더라도 가정법을 활용할 수는 있었다.

A가 품질 관리와 마케팅을 강화한다는 계획을 세우기 전에 회계적 결과를 토대로 상황을 가정했다면 그는 현실로 돌아왔을 것이다. 예를 들면 이렇게 말이다.

• 품질 관리 강화에 필요한 예산과 마케팅(특히 광고) 활동에 필요한 예산은 각각 5억 원이므로 총 10억 원이 필요

하다.

- 현재 현금 잔고는 40억 원, 월별 현금소진액은 10억 원이 므로 생존 기간은 4개월이다.
- 새로운 활동에 10억 원을 쓴다면 생존 기간은 3개월로 줄 어든다. 품질 관리와 마케팅 활동을 하면 3개월 안에 현 금 수입이 늘어날까?
- 만약 그렇지 않다면 무슨 일이 벌어질까?

마찬가지로 B가 구조조정 계획을 세우기 전에 회계적 결과를 풀어보면서 상황을 가정했다면 그도 현실로 돌아왔을 것이다.

- 지난 3년간 매출이 20% 후퇴했다. 그에 따라 고정비도 20% 축소해야 한다.
- 직원 120명 중 20%인 24명을 감원한다.
- 평균 연봉과 재직 기간을 고려하면 구조조정 자금으로 약 18억 원이 필요하다.
- 현재 현금 잔고는 60억 원, 월별 현금소진액은 13억 원이 므로 생존 기간은 4~5개월이다.

- 구조조정을 단행한다면 잔고에서 18억 원이 일시에 빠지고 생존 기간은 3개월 미만으로 줄어든다.
- 구조조정을 단행한다면 고정비 지출이 일부 줄겠지만 그 후 회사에는 무슨 일이 벌어질까?

그들이 처한 상황에서 가장 시급한 문제는 생존 기간을 늘리는 것이었다. 한마디로 현금 잔고를 늘리는 작업을 해야 했다. 어떻게 현금을 확보해 생존 기간을 늘릴 수 있을까? 그들이 가장 시급하고 중요하게 바라보아야 할 관점은 이것이었다. 나는 그 점을 말해줬다.

예시로 살펴보았듯, '가정'이라는 렌즈는 다음과 같은 점에서 대단히 강력한 접근법이다.

첫째, 현실을 직설적으로 보게 해준다.

둘째, 의사결정의 결과를 예상하게 해준다.

셋째, 실패 시의 상황을 대비하게 해준다.

넷째, 결과에 따른 대응 방안을 계획하게 해준다.

각종 회계보고서는 지나온 과거와 그 결과인 현재를 숫자로 보여준다. 그것을 보는 것 자체로도 의미가 있지만, 가정을 활용하면 종이 위에 새겨진 숫자가 살아나 활동하는 역동성이 생긴다. 그러니 가정의 렌즈를 끼고 숫자를 바라보자. 당신이 서 있는 곳이 선명해지고 가야 할 길이 더 명확히 보일 것이다.

두 번째 통찰법: '의도'를 분리한다

회계는 기업을 숫자로 보여주는 역할을 담당한다. 따라서 회계 자체에는 어떤 의도도 담기지 않는다. 문제는 그것을 이용하는 사람이 언제나 의도를 갖는다는 점이다. 겉으로는 의도를 숨긴 채 회계가 자신의 의도를 지지해주지 않을까 기대하는 마음으로 회계를 관찰한다. 실제로 내게 조언을 구하는 이들도 상당수가 회계보고서를 보여주며 본인이 하려는 결정의 당위성을 인정받고 싶어 한다. '당신의 생각이 맞습니다'라고 회계가 입증해주기라도 할 것처럼 말이다.

어느 날 한 기업의 M&A 팀장이 내게 자료를 보내왔다.

"대표님, 이 기업이 M&A 시장에 물건으로 나왔는데 한번 분석해주세요. 인수할 가치가 있는지 대표님의 의견이 궁금합니다."

나는 그 기업의 재무제표를 꼼꼼하게 살핀 뒤 의견을 전달했다. 인수하기에는 기업 상태가 좋지 않아 보였다. 안정성, 성장성, 효율성 모든 면에서 부족함이 느껴졌다. 하지만 M&A 팀장은 내게 묻고 또 묻기를 반복했다. 나는 그의 이야기를 듣다가 이렇게 물었다.

"팀장님, 사고 싶은 겁니까? 아니면 사야 하는 겁니까?"

내 말에 그는 웃음을 터트렸다.

"대표님께는 숨길 수가 없네요. 오너는 사고 싶어 하고, 저는 사야 하는 거죠."

회계를 이용하는 사용자가 가장 빠지기 쉬운 함정은 단연코 '의도意圖의 함정'이다. 의도를 가지고 회계를 바라보는 순간 자신의 의도가 회계를 조정할 수 있다고 착각한다. 실제로 많은 경우 그런 방식으로 회계를 비트는 작업이 시작된다. 이번 달 이익을 높이려는 의도를 가지고 회계를 바라보면 비용을 다음 달로 미루거나 수익을 이번 달로 당겨서 잡으려 시도하게 된다. 그것이 적법해서가 아니라 의도가 더 중요하기 때문이다. 예시로 든 M&A 팀장도 사야 한다는 의도를 품고 회계상으로 그 당위성을 입증받으려 했던 것이다.

그렇다고 의도를 갖는 것 자체가 잘못은 아니다. 사람인 이상 의도가 없을 수는 없다. 다만 의도와 사실을 섞는 것이 문제다. 그것은 마치 현실과 희망을 뒤섞어버려 무엇이 현실이고 무엇이 희망 사항인지 불분명해지는 것과 같다.

나는 M&A 팀장에게 의도를 물었다.

"정말 원하는 게 뭡니까?"

그는 그제서야 자신이 원하는 바를 대답했다.

"오너가 사고 싶어 하니… 회계 자료에서 사야 할 이유를 좀 찾고 싶은데 그게 어렵네요. 그래서 대표님께 도움을 요청드리는 겁니다."

나는 그에게 진심을 담아 조언했다.

"팀장님, 회계를 의도에 맞추려 하지 말고 회계와 의도를 분리해서 설득하세요."

"그게 무슨 뜻이죠?"

"'회계 자료를 검토해보니 이 기업은 사는 게 이득인 것 같습니다'와 같이 이야기하지 말라는 겁니다. 그보다는 이렇게 말씀해보세요."

"어떻게요?"

"지금까지의 회계 자료를 보면 이런저런 위험성이 보입니다. 하지만 인수해서 이런저런 계획을 실행하면 회계 자료가 2년 이내에 이렇게 바뀔 수 있습니다. 그러니 우리의 역량과 가능성을 보고 인수하는 게 어떨까요?"

M&A 팀장은 감사하다는 인사를 남겼다. 그리고 며칠 후에 새로운 소식을 전했다. 다행히 오너가 자신의 보고를 받은 후 인수를 단념했다는 것이었다.

의도가 만드는 3가지 왜곡

의도의 함정은 생각보다 교묘하게 우리의 판단을 왜곡한다. 심리학에서는 이를 '확증편향Confirmation Bias'이라 부른다. 한 번 특정 방향으로 마음이 기울면, 우리의 뇌는 무의식적으로 그 생각을 뒷받침하는 정보만 찾아내고 반대되는 증거는 무시하거나 과소평가하는 경향을 보인다.

회계 정보를 다룰 때 의도는 주로 3가지 방식으로 우리를 속인다.

첫 번째는 선택적으로 해석하는 것이다.

신규 사업 진출을 결정한 임원이 있었다. 그는 이사회의 승인을 받기 위해 시장조사 보고서와 재무 시뮬레이션을 준비했다. 보고서에는 이런 문장들이 등장했다.

'목표 시장의 연평균 성장률은 15%입니다.'

'경쟁사 A의 영업이익률은 20%에 달합니다.'

'초기 투자금은 50억 원으로 3년 내에 회수 가능합니다.'

모두 사실이었다. 하지만 그가 의도적으로 누락한 정보도 있었다.

'목표 시장의 성장률은 15%이지만, 상위 3개 기업이 시장의 80%를 장악하고 있습니다.'

'A사의 영업이익률은 20%이지만, 그들은 이미 10년간 브랜드를 구축했고 우리는 신규 진입자입니다.'

'3년 안에 초기 투자금을 회수하려면 시장점유율 5%가 달성되어야 하며, 이는 동종 업계 신규 진입자의 평균 성공률 15%보다 3배 높은 수치입니다.'

그는 신규 사업에 뛰어들기를 원했기에, 회계 정보와 시장 데이터에서 자신의 의도를 지지하는 부분만 선택적으로 강조했다. 선택적 해석의 전형적인 예다.

두 번째는 비교 기준을 왜곡하는 것이다.

당신 회사의 영업이익률이 8%라고 가정하자. 이는 좋은 수치일까, 나쁜 수치일까? 만약 당신이 우수한 실적을 강조하고 싶다면, 영업이익률이 5%인 경쟁사와 비교하면 된다.

'우리는 업계 평균을 60%나 상회하고 있습니다.'

반대로 위기의식을 고취하고 싶다면, 영업이익률이 15%인 선도 기업과 비교하면 된다.

'우리는 업계 리더 대비 절반 수준에 불과합니다.'

어느 쪽도 거짓말은 아니다. 하지만 당신의 의도가 비교 대상을 선택하고, 그 선택은 전혀 다른 결론을 만들어낸다.

한 제조업체의 사례를 보자. 생산팀장은 원가 절감 실적을 보고하면서 "전년 대비 단위당 원가를 10% 절감했다"라고 말했다. 수치는 정확했다. 하지만 그는 원자재 가격이 전년 대비 15% 하락했다는 사실을 말하지 않았다. 실제로는 팀의 노력과 무관하게 시장 상황 덕분에 원가가 낮아진 것이었다. 그럼에도 비교 기준을 전년 대비로만 제시함으로써, 그는 자신의 성과를 과장할 수 있었다.

세 번째는 타이밍을 의도적으로 선택하는 것이다.

2년간 실적이 하락한 사업부가 있었다. 그러다 3개월 전부터 약간의 반등 조짐이 보이자 사업부장은 예산 증액을 요청하기 위해 경영진 앞에서 발표를 했다. 그가 보여준 그래프는 '최근 3개월 실적 추이'였다. 우상향하는 선이 희망적으로 보였다. 하지만 만약 그가 '최근 2년간 실적 추이'를 보여줬다면? 3개월의 반등은 긴 하락세의 작은 반등일 뿐이라는 사실이 명확히 드러났을 것이다.

이렇게 유리한 시점의 데이터만 선택하는 경우는 무척 흔하다. 월별 실적이 들쭉날쭉하다면 좋았던 달만 골라 보여줄 수 있다. 분기별 추이가 제각각이라면, 상승했던 분기만 강조할 수 있다.

의도의 함정에서 벗어나는 2가지 질문

그렇다면 어떻게 해야 의도의 함정에서 벗어날 수 있을까? 완전히 자유로워지기란 불가능하다. 우리는 모두 인간이고, 인간은 본능적으로 자신이 원하는 결론을 향해 기운다. 하지만 최소한 그 의도가 판단을 왜곡하고 있다는 것을 자각할 수는 있다. 그 자각만으로도 많은 오류를 방지할 수 있다.

회계 정보를 보면서 중요한 결정을 내려야 할 때, 다음 2가지 질문을 스스로에게 던져보라.

첫 번째 질문은 이것이다.

"나는 지금 특정 결론을 원하고 있는가?"

당신이 회계 자료를 보기 전에 이미 마음속으로 내린 결론이 있는가? 신규 투자를 하고 싶은가? 구조조정을 하고 싶은가? 특정 프로젝트를 정당화하고 싶은가? 솔직하게 의도를 인정하는 것이 첫걸음이다. 의도 자체는 나쁜 것이 아니다. 문제는 그 의도를 드러내지 않고 판단에 영향을 미치는 것이다. 의도를 명확히 인식하면 적어도 '아, 내가 지금 이 방향으로 편향될 수 있겠구나'라고 경계할 수 있다.

두 번째 질문은 이것이다.

"반대 결론을 뒷받침하는 증거는 무엇인가?"

자신의 생각과 반대되는 입장에 서보라. 만약 당신이 찬성 입장이라면, 억지로라도 반대 입장의 변호사가 되어보는 것이다. 신규 사업 진출을 원한다면, 진출하지 말아야 할 이유를 10가지 찾아보라. M&A를 추진하고 싶다면, 인수하지 말아야 할 근거를 회계 자료에서 찾아보라.

한 CFO는 중요한 투자 결정을 해야 할 때마다 팀을 둘로 나눴다. 그리고 회계 데이터를 바탕으로 A팀은 찬성 논리를, B팀은 반대 논리를 발표하게 했다. 그는 같은 재무제표로 정반대의 결론을 도출하는 과정을 지켜보면서 의도가 해석을 얼마나 왜곡할 수 있는지를 체감했다.

인간인 한 의도로부터 완전히 자유로울 수는 없다. 하지만 의도와 사실을 명확히 분리해 제시하는 것은 가능하다. 이것이 회계적 통찰을 유지하는 핵심 기술이다.

M&A 팀장에게 내가 제안했던 방식을 다시 떠올려보자. "회계 자료를 보니 이 기업을 인수하는 것이 좋을 것 같습니다"라는 말에는 의도와 사실이 뒤섞여 있다. 정말 회계 자료가 그렇게 말하고 있는가? 당신이 그렇게 보고 싶은 것은 아닌가? 올바른 접근은 이것이다.

"회계 자료상 이 기업은 A, B, C의 위험을 안고 있습니다(사실). 하지만 우리가 D, E, F를 실행하면 2년 내에 개선될 것으로 예상됩니다(가정). 따라서 우리의 역량을 믿고 인수를 고려해볼 만합니다(의도)."

이처럼 사실, 가정, 의도가 각각 명확히 분리되면 듣는 이는 어디까지가 객관적 데이터이고, 어디부터가 주관적 판단인지 구분할 수 있다. 그래야 제대로 된 토론과 의사결정이 가능하다.

회계를 통찰의 도구로 사용하려면, 의도를 숨기지 마라. 대신 의도를 명확히 밝히고, 그것과 별개로 무엇이 사실인지 정직하게 제시하라. 그것이 신뢰를 얻는 길이고, 올바른 결정으로 이어지는 길이다.

세 번째 통찰법: '시간'을 확장한다

영업팀장이 12월 말에 대표에게 이렇게 말했다.

"이번 달 신규 가입자가 전월 대비 150% 급증했습니다."

대표라면 분명 기뻐할 일이다. 그러나 차분한 마음으로 맥락을 파악해보니 12월의 신규 가입자 급증은 사실 11월이 최저점이었기 때문에 벌어진 착시였다. 전년 동기(작년 12월)와 비교하면 오히려 10% 감소한 수치이며, 더 큰 문제는 1년 내내 조금씩 하락했다는 점이다. 즉 12월의 반짝 상승은 추세 반전이 아닌, 계절적 요인일 가능성이 크다. 12월 한 달만 보면 성공처럼 보이지만, 그 기간을 2년 이상으로 펼쳐서 보면 위기로 해석이 바뀌어 버린다.

회계 정보를 볼 때 반드시 유념해야 하는 것 중 하나가

'시간'이다. 회계 정보는 특정 시점의 스냅샷이다. 재무상태표는 12월 31일 자정의 모습을 찍은 사진이고, 손익계산서는 1년 동안의 활동을 요약한 영상이다. 하지만 한 장의 사진만으로는 전체 이야기를 알 수 없다. 영화를 10분만 보고 줄거리를 판단할 수 없듯, 짧은 한 시기의 회계 정보만으로 기업의 진짜 모습을 파악하기란 너무나 제한적이다.

그래서 리더는 회계 정보를 볼 때 시간이라는 조건을 늘리거나 줄여 단기 관점과 장기 관점을 모두 살펴보고, 그 둘을 비교하는 습관을 들여야 한다. 장기를 보아야 단기가 더 잘 이해될 수 있고, 단기를 보아야 장기의 의미가 해석 가능하기 때문이다.

노벨 문학상을 수상한 한강 작가는 수상 연설에서 "과거가 현재를 구할 수 있을까?"라는 질문을 던졌다. 장기와 단기를 함께 보는 것도 그와 다르지 않다. 과거의 회계 자료가 현재를 이해시키고, 현재의 자료가 과거를 돕는 상호 보완적인 관계에 있음을 우리는 알아야 한다.

실제 사례를 통해 시간의 중요성을 확인해보자. CU편의점의 운영사로 잘 알려진 BGF리테일의 사례다. BGF리테일은 2017년 11월 1일을 기준일로 인적 분할하여 신설된 법인이며, 2017년 12월 8일 유가증권시장에 재상장됐다. 만일 당신이 이 기업의 2024년 사업보고서만 펼쳐본다면 가장 먼저 눈에 들어오는 건 줄어드는 수익성일 것이다. 매출은 전년 대비 8% 증가했지만, 영업이익은 오히려 2% 감소했다. 매출총이익률도 하락세다. 이 숫자들이 말하는 바는 명확해 보인다.

'이 회사는 매출을 늘리기 위해 마진을 깎아먹고 있다. 가격 경쟁에 밀리고 있거나, 비용 관리에 실패하고 있다. 성장의 질이 나쁘다.'

투자자라면 매도를 고려할 것이고, 경영진이라면 긴급 회의를 소집할 상황이다. 2024년이라는 단일 시점만 보면 이것은 수익성 악화, 곧 위기다.

하지만 시간을 8년 전까지 확장하면 해석이 전혀 달라진다. BGF리테일은 2012년 CU로 전환하는 데 성공한 이후 꾸준히 외형 성장을 이뤄왔다. 수익이 높은 점포를 중심으로 공격적으로 확장함으로써 국내외에서 편의점 사업의 표준적인 성장 모델로 자리 잡았다. 편의점 업태 자체가 경기 변동에 덜 민감하며, 경영진은 독립 이후 안정적인 자본 구조를 유지하는 데 성공했다. 그에 따라 매출은 꾸준히 증가했고, 이익도 함께 성장했다. 2017년부터 2021년까지는 완벽한 성장 곡선을 그렸다. 그러다 2022년 이후부터 변화가 감지됐다. 매출은 여전히 늘었지만 영업이익이 정체되기 시작했고, 2024년에는 역성장으로 전환됐다.

이것은 무엇을 의미하는가? 십수 년 동안 추진하고 성공해온 공격적 확장 전략이 한계에 도달했다는 신호다. 네트워크(점포 수)가 포화 상태에 이르고 있으며, 외형 성장만으로는 더 이상 높은 이익률을 유지하기 어렵다. 누구보다 경영진이 그 사실을 먼저 알고 있을 것이다. 그래서 그들은 매출, 이익 전략을 바꾸고 있다.

첫째, 국내 시장의 포화를 돌파하기 위해 해외 진출을 본격화하고 있다. 또 한 단계 뛰어오르고자 준비하는 관점에서의 공간 확장이다.

둘째, 수익률 정체에 대응하여 내부 운영 효율화(상품 인-아웃 시스템 고도화)와 수직 계열화(BGF네트웍스 인수) 등을 통해 시너지를 확보하고 있다. 그중 하나가 공격적인 PB상품 전개다.

셋째, 수익률이 하락하는 와중에 고물가·고금리 환경으로 변화하는 데 대응해 부채비율을 낮추고 자기자본비율을 높이는 등 안정 지향적 전략을 추진 중이다.

이처럼 2024년 한 해만 보면 '수익성 악화'로 보이지만, 2017년부터 8년을 보면 '공격적 확장 전략의 성숙기 진입 및 전략 전환기'로 해석된다. 즉 위기가 아니라 변곡점이다. 퇴보가 아니라 다음 단계로의 재정비다. 이는 회계적 맥락에서 할 수 있는 통찰이며, 회계 자료를 단기와 장기 모두 보아야만 알 수 있는 해석이다.

시간을 확장해 통찰하는 3가지 방법

그렇다면 구체적으로 시간을 어떻게 확장해 회계를 보아야 할까? 간단하지만 중요한 3가지 접근법을 소개하겠다.

첫째, 재무제표를 볼 때 반드시 3개년 이상을 나란히 놓고 보는 습관을 들여야 한다. 한 해의 숫자는 우연일 수 있지만, 3년의 숫자에는 패턴이 보인다.

한 식품 제조업체의 사례를 보자.

	2022년	2023년	2024년
매출	500억 원	550억 원	600억 원
매출총이익률	35%	33%	30%
영업이익	50억 원	45억 원	42억 원

2024년만 보면 매출이 늘었다는 정도만 보인다. 하지만 3년을 나란히 놓으니 심각한 문제가 드러난다. 매출은 늘었지만 매출총이익률이 계속 하락하고 있다. 심지어 영업이익은 절대액이 줄어들고 있다. 이것은 무엇을 의미하는가? 그리고 원인을 어떻게 구분할 수 있을까?

- 원가 관리 실패인지 확인하는 법: 원재료비와 제조원가 추이를 함께 본다. 만약 원재료 가격이 급등했는데 제품 가격을 올리지 못했다면 원가 관리 이슈다. 재무제표 주석의 '원가명세서'를 보면 재료비, 노무비, 경비 비중의 변화를 알 수 있다.
- 가격 경쟁력 상실인지 확인하는 법: 판매량과 판매 단가를 분리해서 본다. 매출이 늘었다 해도 판매량은 정체되고 단가만 오른 것이라면 시장점유율을 잃고 있다는 뜻이다. 반대로 판매량은 늘었는데 단가가 하락했다면 가격 경쟁에 끌려가고 있다는 의미다.
- 저마진 제품 확대인지 확인하는 법: 제품 카테고리별 매출 구성을 본다. 사업보고서의 '부문별 현황'에서 고마진 제품군과 저마진 제품군의 매출 비중 변화를 추적한다.

만약 OEM이나 B2B 비중이 늘어났다면 마진 희석이 자연스러운 현상일 수 있다.

이 회사의 경우 3년 추이를 보면 가격 경쟁력을 잃어가고 있거나, 원가 관리에 실패하고 있거나, 마진이 낮은 제품 위주로 매출을 늘리고 있다는 신호다. 매출 성장이 오히려 독이 되는 구조다. 이처럼 1년만 보면 놓쳤을 위험 신호를 3년 추이는 명확히 보여준다.

둘째, 연간 데이터만으로는 부족할 때가 있다. 특히 변화의 속도가 빠른 산업이나 위기 상황에서는 분기별 추이를 봐야 한다.

한 온라인 쇼핑몰의 사례를 보자. 2024년 매출은 1,100억 원이고, 영업이익은 50억 원이었다. 전년과 비슷한 실적이고, 연간으로만 보면 나쁘지 않다. 하지만 분기별로 영업이익을 쪼개보니 1분기에는 20억 원이었는데 2분기에는 18억 원, 3분기에는 12억 원, 4분기에는 5억 원으로 급격히 악화되는 게 보인다. 연간 합계는 플러스지만, 4분기만 보면 거의 손익분기점이다. 이 추세가 계속된다면 2025년 1분기에는 적자

전환이 될 수도 있다.

연간 수치는 상반기의 좋은 실적으로 하반기의 위기를 감췄다. 만약 분기별로 보지 않으면 이런 급격한 변화를 놓칠 수 있다.

셋째, 전년 동기 비교YoY는 선택이 아닌 필수다.

많은 사업은 계절성을 띠기 때문에 전월 대비MoM나 전분기 대비QoQ만 보면 착각에 빠질 위험이 있다. 계절에 민감한 식음료 등의 사업은 이미 이 점을 중요하게 고려할 것이다. 문제는 계절성이 명확하지 않은 업종에도 숨은 패턴이 존재한다는 것이다. 2가지 사례를 보자.

어느 기업용 SaaS 업체의 2024년 3분기 매출은 120억 원, 4분기 매출은 180억 원이었다. 전분기 대비QoQ 50%나 증가한 것이니 엄청난 성장처럼 보인다. 하지만 전년과 비교해 보니 2023년 4분기 매출은 175억 원이었다. 전년 동기 대비 YoY 2.9% 증가한 것으로, 성장이 거의 없다고 봐야 한다.

왜 이런 일이 벌어질까? B2B 소프트웨어 업계에는 숨은 계절성이 있다. 많은 기업이 연말에 예산을 집행하려 하고, 영업팀도 연간 목표 달성을 위해 4분기에 계약을 몰아넣는다.

매년 반복되는 패턴으로, QoQ만 보면 폭발적 성장으로 보이지만, YoY로 보면 정체 상태다. 전년 동기 비교 없이는 구조적 문제를 놓칠 수 있다.

어떤 시간 프레임을 선택할 것인가?

이제 시간을 확장해야 한다는 건 이해했을 것이다. 하지만 리더가 실전에서 맞닥뜨리는 질문은 이것이다.

"도대체 언제 단기를 보고, 언제 장기를 봐야 하는가?"

상황에 따라 적절한 시간 프레임은 다르다. 이 또한 3가지로 구분해볼 수 있다.

첫째, 기업의 '생애주기'에 따라 시간 프레임이 다르다.

- 스타트업 또는 초기 성장 단계(설립 5년 이내)

  우선순위: 분기별 추이 〉 연간 비교

  이유: 변화가 급격하고 빠르다. 6개월 전 데이터도 이미 구식일 수 있다.

  주의 사항: 3년 치 데이터가 없을 수도 있다. 이 경우 월별 또는 분기별 추이를 최소 12개월 이상 추적한다.

  핵심 지표: 성장률MoM, QoQ, 현금소진율, 고객 획득 비용

- 성장 단계(규모화 진행 중)

  우선순위: 3개년 비교와 분기별 추이

  이유: 성장 모멘텀이 지속되는지, 둔화되는지를 조기에 포착해야 한다.

  주의 사항: 급성장 중에는 비용도 함께 늘어나므로 매출 성장률과 비용 증가율을 반드시 함께 살펴야 한다.

  핵심 지표: 매출 성장률YoY, 영업이익률 추이, 고객 유지율

- 성숙 단계(안정적 시장 지위)

  우선순위: 5개년 이상 장기 추이와 3개년 세부 비교

  이유: 큰 변화가 작다. 작은 신호도 놓치지 않으려면 더 긴 시계열이 필요하다.

  주의 사항: 겉으로는 안정적이지만 내부에서 침식Erosion이 일어날 수 있다. 앞에서 예로 든 BGF리테일이 바로 이 경우다.

  핵심 지표: 수익성 지표(매출총이익률, 영업이익률), 자본 효율성(ROE자기자본이익률, ROIC투하자본이익률)

둘째, '산업 특성'에 따라서는 다음과 같이 시간 프레임을

설정할 수 있다.

IT, 패션, 유통 등 변동성이 높은 산업은 트렌드 전환이 빠르므로 1년 전 데이터도 옛날이야기일 수 있다. 따라서 짧은 주기로 자주 보아야 하며, 분기별 추이를 반드시 살펴야 한다.

제조, 인프라, 에너지 등 변동성이 낮은 산업은 최소 5개년은 봐야 의미 있는 변화를 포착할 수 있다. 설비 투자 사이클이 길고 변화가 느리므로 단기 실적에 과민 반응하지 않아야 한다.

관광, 식음료, 농업 등 계절성이 강한 산업은 전월 또는 전분기 비교는 의미가 없다. 반드시 전년 동기를 비교하고, 비수기의 실적 악화를 구조적 문제로 착각하지 않도록 주의해야 한다.

셋째, '상황'에 따라서도 시간 프레임이 달라진다.

평상시에 경영 모니터링을 할 때는 일상적인 경영 리듬에 맞추어 매월 간단한 트래킹을 하고, 분기마다 심층 분석을 해야 한다.

반면 M&A나 대규모 투자 등 전략적 의사결정이 필요

할 때는 5~10개년의 장기 트렌드와 사이클을 이해해야 한다. 한 시점의 실적이 좋다고 해서 좋은 인수 대상은 아니기 때문이다.

위기 대응이나 터닝포인트 국면 등 변화의 속도가 빠를 때는 월별 또는 주별로 시간 단위를 짧게 가져간다. 회복 또는 악화 추세를 조기에 포착하는 것이 생존을 가른다.

지금 어떤 상황이고 어떤 시야가 적합한지 혼자 판단하기 어렵다면 가장 먼저 장기(5년)를 본다. 그다음에는 중기(3년)를 보고, 마지막으로 단기(분기)를 본다. 이 순서대로 보면 숲을 먼저 보고 나무를 나중에 보게 되어 맥락을 놓치지 않을 수 있다.

시간은 맥락이다

시간의 확장은 회계가 보여주는 기업의 실상을 더욱 뚜렷하게 해준다. 그것은 마치 사진첩에 있는 한 장의 사진으로 그 사람의 인생 전체를 판단하지 않는 것과 같다. 수많은 사진을 과거부터 현재까지 이어서 볼 때 그 사람을 더 잘 이해할 수 있듯, 회계도 그렇다. 우리가 단지 눈앞의 숫자만으로 기업을 판단하지 않고, 시간을 확장해 더 넓은 시야로 바라보아

야 하는 이유다. 숫자는 시간 속에서만 의미를 명확하게 보여
준다.

네 번째 통찰법: '해상도'를 전환한다

재무제표의 숫자는 압축 파일과 같다. '매출'이라는 한 줄
에는 수백, 수천 건의 거래가 압축되어 있다. '원가'라는 한 줄
에는 재료비, 인건비, 물류비, 감가상각비 등이 모두 뭉뚱그
려져 있다. 낮은 해상도에서는 하나의 숫자가 표시하는 전체
윤곽만 보인다. 높은 해상도로 확대해야 비로소 세부가 드러
난다.

TV 화면을 예로 들어보자. 멀리서 보면 아름다운 풍경이
눈에 들어온다. 하지만 화면에 바짝 다가가면 수백만 개의 픽
셀이 보인다. 그 픽셀 하나하나가 모여 전체 그림을 만든다.
만약 화면 한쪽이 어둡다면, 그 부분의 픽셀들에 문제가 있는
것이다.

회계도 마찬가지다. '매출 1,100억 원'은 저해상도 이미
지다. 이것을 제품별, 고객별, 지역별로 쪼개면 고해상도 이미

지가 된다. 그때 비로소 어디에 문제가 있는지, 어디에 기회가 있는지 명확히 보인다. 이 말을 뒤집어보자. 해상도를 높이지 않으면 문제점을 발견할 수 없다. 따라서 원인도 알 수 없고, 해결책도 찾을 수 없다. 그뿐인가. 자원을 어디에 집중해야 할지 알 수 없다. 궁극적으로 전략을 고도화할 수 없다.

앞에서 우리는 '시간의 확장'을 통해 회계를 수평으로 펼쳐 보았다. 이번에는 해상도를 전환함으로써 회계를 수직으로 확대해볼 것이다.

같은 숫자, 전혀 다른 진실

한 프랜차이즈 외식 기업의 사례를 보자. 이 회사는 전국에 200개 매장을 운영하고 있다. 2024년 연매출은 500억 원으로 전년 대비 12% 성장했고, 영업이익은 35억 원으로 전년 대비 8% 성장했다. 훌륭해 보인다. 두 자릿수 매출 성장에 이익도 함께 증가했다. 이 결과만 놓고 보면 투자자들은 만족감을 느끼고, 이사회는 경영진을 치하한다.

그러나 이는 저해상도로 본 실적이다. 해상도를 높여 지역별로 분해해보았다. 다음 표를 보자.

지역	매장 수	매출	전년 대비	영업이익률
수도권	120개	350억 원	+5%	9%
지방	80개	150억 원	+30%	3%

더 세밀하게 수도권 120개 매장을 쪼개보자.

- 상위 20개: 매출 200억 원(평균 10억 원), 영업이익률 15%
- 중위 60개: 매출 120억 원(평균 2억 원), 영업이익률 7%
- 하위 40개: 매출 30억 원(평균 7,500만 원), 영업이익률 -2%

지방 80개 매장의 사정은 어떨까?

- 신규 출점 50개: 매출 100억 원(평균 2억 원), 영업이익률 -5%
- 기존 30개: 매출 50억 원(평균 1억 6,700만 원), 영업이익률 15%

이제 처음과는 전혀 다른 그림이 보인다. 우선 수도권의 120개 매장 중 40곳이 적자다. 지방은 어떤가? 50개 신규 매장이 매출은 높지만 모두 적자다. 공격적 확장이 수익성을 갉아먹고 있다는 뜻이다. 실제로 회사를 먹여 살리는 것은 상위 50개 매장(전체의 25%)이다. 저해상도로 볼 때는 '성공적인 성장'으로 보였지만, 고해상도로 전환하니 '자살적 확장'이라는 현실이 드러난 것이다.

이 회사의 CEO는 해상도를 높인 후 전략을 180도 바꿨다. 기존 목표는 외형 성장에 자원을 집중해 50개 신규 점포를 출점하는 것이었지만, 고해상도로 현실을 본 후 적자 매장 30곳을 정리하고 우수 매장의 운영 노하우를 표준화하는 등 수익성을 개선하는 데 중점을 두기로 했다. 이에 따라 자원 배분 또한 기존 매장을 개선하는 데 70%를 할당했다. 그 결과 1년 후, 매출은 5% 감소했지만 영업이익은 40% 증가했다. 해상도의 전환이 회사를 살린 것이다.

해상도를 높이는 3가지 방법

그렇다면 구체적으로 어떻게 회계 정보의 해상도를 높일 수 있을까?

첫째, 집계된 매출을 제품별·고객별·채널별로 분해한다. 그러면 숫자 뒤에 숨은 구조가 보인다.

한 IT 소프트웨어 회사의 사례다. 연매출 200억 원에 500개의 고객사를 확보하고 있으며, 평균 객단가는 4,000만 원으로 별문제가 없어 보였다. 하지만 해상도를 전환해 고객별로 분해하니 상황이 달라졌다.

고객 세그먼트	고객 수	매출	비중	평균 객단가	이탈률
대기업	10개 사	100억 원	50%	10억 원	5%
중견기업	40개 사	60억 원	30%	1억 5,000만 원	15%
중소기업	450개 사	40억 원	20%	900만 원	40%

고객별로 분해해보니 매출의 절반이 단 10개 고객사에 집중된 구조가 드러났다. 중소기업 고객은 450개 사인데 매출 비중은 20%에 불과하다. 서비스 비용 대비 수익성이 너무 낮은 구조다. 이탈률은 40%나 되어 재앙 수준이다.

제품별로 분해하면 또 다른 현실이 보인다.

제품	매출	비중	전년 대비	평균 마진
프리미엄 패키지	120억 원	60%	−5%	45%
스탠더드 패키지	60억 원	30%	+10%	25%
베이직 패키지	20억 원	10%	+50%	10%

고마진 프리미엄 제품이 감소세인 반면 저마진 베이직 제품이 폭증하고 있다. 마진의 균형이 무너지고 있다는 뜻이다. 이제 CEO는 무엇을 해야 하는지 정확히 알 수 있었다.

- 대기업 의존도를 낮추기 위해 중견기업 공략 강화
- 중소기업 세그먼트는 셀프서비스 모델로 전환해 서비스 비용 절감
- 프리미엄 제품의 경쟁력 회복에 R&D 집중
- 베이직 제품은 가격 인상 또는 단계적 폐지 검토

저해상도에서는 '매출 200억 원'이라는 숫자 하나만 보였다. 반면 고해상도에서는 구조적 문제와 구체적 솔루션이 모두 보인다.

둘째, 단가와 수량을 분리한다.

3장에서 다룬 공식을 기억하는가? 매출은 항상 수량Q과 가격P의 곱이다. 많은 리더가 "매출이 늘었다"라고만 보고받는데, 그것만으로는 아무것도 알 수 없다. 가격이 올라서인가? 수량이 늘어서인가? 둘 다인가?

한 소비재 제조기업의 실적을 보자.

연도	매출	전년 대비	판매 단가	판매 수량
2022년	800억 원	–	8,000원	1,000만 개
2023년	880억 원	+10%	8,800원	1,000만 개
2024년	950억 원	+8%	9,500원	1,000만 개

저해상도로 보면 매출이 꾸준히 증가하고 있다. 그 자체만 보면 좋은 결과다. 이번에는 고해상도로 보자. 무엇이 보이는가? 가장 먼저 판매 수량이 3년간 전혀 늘지 않았다는 사실이 눈에 들어온다. 이 말은 곧 매출 증가는 100% 가격 인상 효과라는 뜻이다. 2년 연속 가격을 10% 이상 인상하면 고객 이탈이 발생할 수 있으므로 가격 인상 여력도 한계에 근접한 상

태다. 즉 이 표는 매출 성장이 아니라 시장점유율 정체 또는 하락을 보여주는 시그널로 해석해야 한다.

이번에는 반대의 사례를 보자.

연도	매출	전년 대비	판매 단가	판매 수량
2022년	800억 원	–	10,000원	800만 개
2023년	880억 원	+10%	8,800원	1,000만 개
2024년	924억 원	+5%	8,400원	1,100만 개

저해상도로 보면 매출 증가세가 둔화되고 있어 걱정스럽다. 그런데 해상도를 높여보니 판매 수량은 오히려 증가하고 있는 게 보인다. 그와 연동해 판매 단가가 하락했는데, 이는 시장점유율 확대를 위한 전략적 선택의 결과로 볼 수 있다. 규모의 경제가 작동하기 시작하면 수익성 개선이 가능하며, 고객 기반 확대는 장기적으로 긍정적 신호다. 이처럼 같은 '매출 증가'도 단가와 수량으로 분리하면 전혀 다른 의미를 갖는다.

셋째, 비율과 절대액을 함께 본다.

회계에서 비율(%)과 절대액(금액)은 서로 다른 진실을 말한다. 하나만 보면 자칫 숫자의 의미를 오판할 수 있다. 다음 표를 보자.

사업부	작년 매출	올해 매출	성장률	증가액
A사업부	500억 원	550억 원	+10%	50억 원
B사업부	10억 원	15억 원	+50%	5억 원

비율만 보면 B사업부가 폭발적으로 성장 중이니 자원을 집중해야 한다고 판단할 수도 있다. 그러나 절대액을 보면 A사업부의 매출 증가액은 50억 원이고, B사업부의 매출 증가액은 5억 원이다. A사업부의 기여가 10배나 된다. B사업부의 50% 성장은 작은 규모에서 더 커 보였을 뿐이다. 따라서 A사업부가 성장률을 이어가도록 자원을 집중하면서, B사업부는 저비용으로 관찰하는 것이 올바른 전략이다.

실제로 많은 기업이 이와 같은 성장률의 함정에 빠지곤 한다. 성장률은 동력을, 절대액은 임팩트를 보여준다. 따라서 항상 둘 다 봐야 올바른 판단이 가능하다.

어떤 해상도가 필요한가?

해상도를 높인다는 건 이해했을 것이다. 그다음에 실전에서 리더가 맞닥뜨리는 질문은 이것이다.

"얼마나 세밀하게 봐야 하는가? 너무 세밀하게 보면 큰 그림을 놓치지 않는가?"

맞는 말이다. 상황에 따라 선택해야 할 해상도가 다르다. 해상도를 조절하는 기준은 크게 3가지다.

첫째, 의사결정 유형에 따라 해상도를 조절한다.

- 전략적 의사결정(사업 방향, M&A, 신사업)

  필요 해상도: 중간~높음

  분해 수준: 사업부별 → 제품군별 → 시장별

  이유: 구조를 이해해야 하지만, 과도한 디테일은 오히려 본질을 흐린다.

  예: '헬스케어 사업부 진출 여부'를 결정할 때 개별 SKU별 분석은 필요하지 않다. 시장 세그먼트별 수익성과 성장성이면 충분하다.

- 운영적 의사결정(생산, 재고, 인력 배치)

  필요 해상도: 높음~매우 높음

분해 수준: 제품별 → SKU별 → 공장별 → 라인별

이유: 실행을 위해서는 구체적인 단위까지 알아야 한다.

예: '어느 제품의 생산을 줄일지' 결정할 때는 SKU별 마진, 재고 회전율, 생산 리드타임까지 봐야 한다.

- 위기 대응(손실 축소, 구조조정)

필요 해상도: 매우 높음

분해 수준: 가능한 한 모든 기준으로 분해

이유: 생존이 걸렸을 때는 숨겨진 곳까지 모두 들여다봐야 한다.

예: '어디서 비용을 줄일지' 결정할 때는 부서별 → 팀별 → 항목별 → 세부 항목별까지 모두 분해해 불필요한 지출을 찾아내야 한다.

둘째, 조직 계층에 따라 해상도가 달라진다.

- CEO/이사회

권장 해상도: 낮음~중간

초점: 전체 그림, 주요 트렌드, 사업부 간 비교. 디테일에 빠지면 지나치게 세부적인 관리가 된다.

원칙: 숲을 보고, 문제가 있는 나무만 확대한다.

- 사업부장/본부장

  권장 해상도: 중간~높음

  초점: 담당 사업의 구조, 제품/고객별 성과, 핵심 KPI

  균형: 전략과 실행을 모두 볼 수 있는 해상도

- 팀장/현업 리더

  권장 해상도: 높음~매우 높음

  초점: 세부 실행 지표, 일일/주간 추이, 개별 거래

  역할: 현장의 미세한 변화를 감지하고 즉시 대응한다.

셋째, 산업 특성에 따라서도 해상도 차이가 있다.

- 소량 다품종 산업(패션, 식품, 소비재)

  필요 해상도: SKU별 분해 필수

  초점: 재고 회전율, 품목별 마진 추적 중요. 저해상도로는
  죽은 재고를 발견할 수 없다.

- 대량 소품종 산업(철강, 화학, 에너지)

  필요 해상도: 공장별, 라인별 분해로 충분

  초점: 원가 구조와 가동률이 핵심이다.

- 서비스 산업(금융, 컨설팅, IT)

  필요 해상도: 고객별, 프로젝트별 수익성 분해 필수. '매출은 크지만 수익은 없는 고객'을 찾아내는 것이 생존의 열쇠다.

  초점: 인건비 배분이 정확해야 진짜 수익성을 알 수 있다.

숫자 뒤의 진실

지금까지 해상도를 전환해 숫자 뒤의 진실을 보는 방식을 소개했다. 실전에 적용할 때 염두에 두어야 하는 원칙을 정리해보자.

첫째, 문제가 있으면 해상도를 높여라. 전체 숫자가 좋아 보이는데 현장 분위기가 좋지 않다면? 분해해서 본다. 전체 숫자가 나쁜데 어디가 문제인지 모르겠다면? 분해해서 본다.

둘째, 톱다운top-down으로 시작해 바텀업bottom-up으로 파고들어라. 전체를 고해상도로 보려고 하면 쉽게 지친다. 처음에는 저해상도로 전체를 보고, 이상 징후가 보이면 그 부분만 고해상도로 확대한다.

셋째, 파레토의 법칙을 기억하라. 20%가 80%를 만든다. 상위 20%의 제품·고객·채널에 집중하고, 나머지 80%는 중간

해상도로 관리한다. 하위 20%는 과감히 정리하거나 자동화하는 방안을 모색한다.

넷째, 숫자 뒤의 사람을 기억하라. 해상도를 높이다 보면 숫자만 보게 되는 함정에 빠진다. 매출을 만드는 것은 영업팀이고, 비용을 쓰는 것은 직원들이다. 분석은 숫자로 시작하되 사람으로 끝나야 한다.

손익계산서의 '매출 1,100억 원'이라는 한 줄은 영업사원들이 1년 동안 뛴 결과다. 그 안에는 성공한 계약도 있고, 놓친 기회도 있고, 어렵게 만회한 손실도 있다. '원가 800억 원'이라는 한 줄은 공장과 물류센터에서 일어난 수백만 건의 거래다. 그 안에는 잘 관리된 비용도 있고, 새어나가는 비용도 있고, 절감할 기회도 있다.

리더의 일은 그 한 줄 뒤에 숨겨진 진실을 찾아내는 것이다. 해상도를 전환하는 것은 단순히 숫자를 쪼개는 기술이 아니다. 기업의 진짜 모습을 보기 위한 통찰의 도구다. 시간과 해상도, 이 두 축으로 회계를 보면 숫자가 말하지 않는 것까지 듣게 된다. 회계는 압축 파일이다. 압축을 풀어야 진실이 보인다.

다섯 번째 통찰법: 즉시 '실행'한다

앞에서 우리는 시간을 확장해 추세를 보았고, 해상도를 높여 구조를 파악했다. 그렇게 회계 정보를 통해 무언가를 발견했다. 수익성이 떨어지는 제품군을 찾고, 성장이 정체된 지역을 발견하고, 효율이 낮은 공정을 확인했다. 그렇다면 이제 무엇을 해야 하는가?

실행해야 한다. 그것도 즉시. 회계 정보가 당신에게 무언가를 보여주는 이유는 단 하나다. 행동하라는 것이다.

그러나 많은 리더가 여기서 멈춘다. 훌륭한 분석보고서를 만들고, 문제를 명확히 정의하고, 해결 방안을 도출한다. 그러고는 "다음 분기에 검토하겠습니다"라고 말한다. 그사이 시장은 변하고, 경쟁자는 움직이고, 기회는 사라진다.

즉시 실행해야 하는 이유는 크게 3가지다.

첫째, 실행을 통해서만 검증할 수 있기 때문이다.

회계를 통해 당신이 발견한 것은 모두 가설이다. 'A제품의 수익성이 낮다', 'B지역의 성장이 둔화되고 있다', 'C공정에서 원가가 새고 있다' 등은 모두 숫자가 말해주는 이야기지만, 그것이 진짜 문제인지는 아직 모른다. 그 해결책이 효과가 있는지도 실행해봐야 알 수 있다. 실행한 결과 당신의 가설이 맞았다면, 계속 밀어붙여야 한다. 가설이 틀렸다면, 빠르게 수정해야 한다. 가설이 부분적으로만 맞았다면, 조정해야 한다. 이 3가지 모두 가치 있는 학습이다.

둘째, 조직은 실행을 통해서만 배울 수 있기 때문이다.

회계 정보를 분석해 중요한 통찰을 얻었다고 하자. 그것을 조직 전체가 이해하도록 하는 가장 빠른 방법은 무엇인가? 회의에서 설명하는 것인가? 보고서를 돌리는 것인가? 아니다. 실행하는 것이다.

조직은 말이 아닌 행동으로 배운다. 당신이 "수익성이 낮은 제품을 서둘러 정리해야 한다"라고 100번 말하는 것보다, 실제로 하나를 정리하고 그 결과를 공유하는 것이 100배 강력하다.

실행이 일어나면 영업팀은 고객의 실제 반응을 보고 배우게 된다.

생산팀은 프로세스 변경의 효과를 체감하게 된다.

재무팀은 숫자가 실제로 어떻게 변하는지 직접 보게 된다.

경영진은 의사결정의 영향을 측정할 수 있게 된다.

이처럼 실행은 조직 전체를 학습 모드로 전환시킨다. 추상적인 전략이 구체적인 경험이 되고, 그 경험은 다음 의사결정의 자산이 된다.

셋째, 시간은 당신의 적이기 때문이다.

회계 정보는 과거의 기록이다. 당신이 12월 결산보고서를 보는 시점은 빨라야 1월 말이다. 이미 한 달이 지났다. 그 한 달 동안 시장은 또 변했을 것이다. 만약 당신이 문제를 발견하고도 "3개월 후 전략 회의에서 논의하자"라고 한다면? 그때는 6개월 전 상황을 토대로 의사결정을 하는 것이다. 시장에서 6개월은 영원과도 같은 긴 시간이다. 경쟁자는 당신을 기다려주지 않는다. 당신이 분석하는 동안 그들은 실행한다. 당신이 완벽한 계획을 세우는 동안 그들은 불완전하게라도 시작한다. 그렇게 시작한 사람이 배우고, 배운 사람이 이긴다. 그러니 늦기 전에 움직이자. 지금 당장 할 수 있는 작은 실행이 3개월 후의 완벽한 계획보다 낫다.

그럼에도 실행을 미룬다면, 기회비용 이상의 비용을 치

러야 한다.

첫째, 문제가 악화된다. 회계가 보여준 문제는 저절로 사라지지 않는다. 오히려 시간이 갈수록 커진다. 작은 불씨는 산불이 되고, 작은 균열은 붕괴가 된다. 당신이 지난달에 발견한 '재고 과다' 문제를 이번 달에도 방치한다면, 다음 달에는 '현금 부족' 문제가 된다.

둘째, 조직이 마비된다. 리더가 분석만 하고 실행하지 않으면, 조직은 혼란스러워한다. '경영진이 문제를 알면서도 아무것도 하지 않는다'라고 생각한다. 냉소주의가 퍼지고, 주인의식이 사라진다. 누군가가 새로운 아이디어를 내도 "어차피 하지 않을 텐데"라고 말한다. 반대로 즉시 실행하는 리더 밑에서는 조직이 깨어난다. "우리가 발견한 게 실제로 바뀌네"라고 변화를 실감한다. 그 결과 참여가 늘고, 제안이 많아지고, 속도가 붙는다.

셋째, 학습이 멈춘다. 실행하지 않으면 배울 수 없다. 회의실 안에서 100번 토론해도, 현장에서 한 번 실행한 것만 못하다. 학습이 멈춘 조직은 정체되고, 정체된 조직은 뒤처진다. 시장은 움직이고, 경쟁자는 학습하는데, 당신만 제자리에 있다면? 그것은 후퇴와 무엇이 다른가?

이것이 실행을 미루었을 때 발생하는 진짜 비용이다.

즉시 실행의 원칙

즉시 실행하라고 하면, 무조건 빨리 움직여야 한다고 생각하는 사람들이 있다. 그것은 무모함이지 실행력이 아니다. 즉시 실행에도 원칙이 있다.

첫째, 작게 시작한다.

모든 것을 한 번에 바꾸려 하지 마라. 발견한 문제가 크다고 해결책도 커야 하는 것은 아니다.

회계 분석을 통해 재고 관리에 심각한 문제가 있다는 사실을 발견했다고 하자. 그렇다고 지금 당장 전사적 재고 관리 시스템을 도입하겠다고 선언할 필요는 없다. 그것은 6개월짜리 거대한 프로젝트다. 대신 이렇게 하자.

- 가장 문제가 큰 제품 카테고리 하나를 선택한다.
- 그 카테고리의 주문 주기를 조정한다.
- 2주 후 재고 회전율을 측정한다.
- 효과가 있으면 다른 카테고리로 확대한다.

린 스타트업Lean Startup의 창시자 에릭 리스Eric Ries는 완벽한 제품 대신 최소한의 기능만 갖춘 제품Minimum Viable Product, MVP으로 시장의 반응을 빠르게 확인하라고 했다. 회계에서 발견한 통찰도 마찬가지다. 최소 실행 가능 액션Minimum Viable Action, MVA으로 시작하라.

둘째, 측정 가능하게 설계한다.

모호한 목표는 실행을 흐리게 만든다. "고객 만족도를 높이자"는 의도는 좋지만 나쁜 목표다. 언제 달성한 것인지 알 수 없기 때문이다. 실행을 시작할 때는 '어떻게 성공을 측정할지'를 반드시 정하자. 예컨대 이런 식이다.

"A제품 반품률을 현재 8%에서 4주 내에 5%로 낮춘다."

"B지역 매장의 평균 객단가를 현재 2만 5,000원에서 이번 분기 말까지 2만 8,000원으로 높인다."

"C공정의 불량률을 현재 3%에서 2개월 내에 2% 이하로 낮춘다."

회계는 측정의 언어다. 당신이 회계에서 문제를 발견했다면, 그것을 측정 가능한 목표로 바꾸는 건 어렵지 않을 것이다.

셋째, 빠르게 배운다.

실행의 목적은 옳고 그름을 증명하는 게 아니라 배우는 것이다. 실행했는데 예상과 다른 결과가 나왔다면? 그것은 실패가 아니라 학습이다. 실행의 결과를 빠르게 배우는 몇 가지 팁이 있다.

- 주간 리뷰를 한다: 실행 후 매주 결과를 점검한다. 월간 보고를 기다리지 마라.
- 가정을 명시한다: '이렇게 하면 이런 결과가 나올 것이다'라고 미리 적어둔다. 그래야 무엇이 틀렸는지 알 수 있다.
- 피보팅Pivoting 기준을 정한다: "2주 내에 원하는 결과가 일어나지 않으면 방향을 바꾼다"와 같이 미리 결정한다.

넷째, 완벽을 기다리지 않는다.

많은 리더가 '모든 정보가 갖춰질 때까지', '완벽한 계획이 나올 때까지' 기다린다. 하지만 그런 순간은 오지 않는다. 회계 정보는 항상 불완전하다. 최신 데이터가 아니고, 모든 변수를 담고 있지 않으며, 미래를 보장하지 않는다. 그럼에도 의사결정을 해야 한다. 조지 패튼 장군은 이렇게 말했다.

"괜찮은 계획을 지금 실행하는 것이, 완벽한 계획을 다음 주에 실행하는 것보다 낫다."

완벽주의는 실행의 적이다. 회계가 당신에게 방향을 알려줬다면, 그 방향으로 일단 걸어라. 걷다가 조정하는 것이, 서 있으면서 고민하는 것보다 빠르다.

즉시 실행하는 조직을 만드는 법

리더 개인을 넘어, 조직 전체가 즉시 실행하는 문화를 만들려면 제도와 문화가 뒷받침되어야 한다. 실행 중심의 조직을 만드는 몇 가지 팁을 소개하겠다.

첫째, 말이 아닌 행동을 보상하라. 완벽한 분석보고서를 작성한 사람보다는 불완전하지만 실행해서 배운 사람을 인정해주어야 한다. "이번 달의 MVP는 신속하게 움직여 고객 이탈을 막은 김 팀장입니다"라고 말하라. 조직은 리더가 무엇을 칭찬하는지를 본다.

둘째, 실패를 처벌하지 마라. 실행하다 보면 실패하기 마련이다. 그것을 처벌하면, 아무도 실행하지 않는다. 오히려 '빠르게 실패하고 빠르게 배운' 점을 칭찬하라. 그리고 실행하지 않는다면 처벌하라. 아무것도 하지 않은 것과 시도했다가 실패한 건 엄연히 다르다.

셋째, 작은 권한을 위임하라. 모든 일에 CEO 승인이 필요하면, 즉시 실행은 꿈으로만 남는다. 작은 실험은 현장에서 즉시 할 수 있도록 권한을 위임하라. '일정 금액 이하의 개선 활동은 팀장 권한으로 즉시 실행'과 같은 원칙을 만들어라. 속도를 위해 약간의 통제는 포기해야 한다.

넷째, 주간 실행 리뷰를 하라. 월간 경영 회의만으로는 느리다. 매주 모여 이번 주에 실행한 것, 배운 것, 다음 주에 할 것을 공유하라. 30분이면 충분하다. 중요한 것은 빈도다. 매주 실행을 점검하면, 조직은 자연스럽게 실행 모드로 전환된다.

한 중견 제조기업의 CFO가 1분기 실적을 분석하던 중 이상한 점을 발견했다. 주력 제품의 매출은 늘었는데, 영업이익률이 전년 대비 3%p 하락한 것이다. 해상도를 높여 원가를 분해하니, 특정 원자재 가격이 지난 3개월간 40% 폭등한 것이 원인이었다. 그럼에도 제품 가격은 그대로였다. 영업팀과 구매팀 모두 이 문제를 알고 있었지만, "분기 말에 전략 회의에서 논의하기로 했다"라고만 말했다. 그 회의는 2개월 뒤에 열릴 터였다. 그러나 CFO는 즉시 움직였다.

- 1일 차(금요일 오후): CEO에게 보고한 뒤 관련 팀 긴급 회
  의 소집
- 2일 차(월요일): 2가지 실행 방안 결정
  주요 고객사 10곳과 즉시 가격 인상 협상(평균 8% 인상)
  구매팀이 대체 원자재 업체 3곳과 긴급 협상
- 1주 차: 실행 및 조정
  10개 고객사 중 7곳이 5~8% 가격 인상 수용
  나머지 3곳은 다음 분기부터 적용 합의
  대체 원자재로 부분 전환 성공(원가 15% 절감)
- 4주 후: 영업이익률 회복(전년 대비 1%p 상승)

원래대로 2개월을 기다렸다면 발생했을 손실은 약 12억 원으로 추정된다. 이 손실을 막은 것은 CFO의 분석 능력이 아니라, 문제를 발견했을 때 '다음 회의'를 기다리지 않고 즉시 실행한 결정력이다. 완벽한 계획을 세우는 대신 월요일부터 실행으로 옮겼다. 모든 고객을 설득할 때까지 기다리지 않고, 가능한 것부터 시작했다.

회계는 목적지가 아니라 출발점이다. 재무제표는 답이기도 하지만 질문이기도 하다. "우리 매출이 얼마인가?"라는 질

문에 대한 답이자, "그래서 우리는 무엇을 할 것인가?"라는 질문의 시작이다. 회계가 당신에게 무언가를 보여줬다면, 그것은 당신에게 행동하라는 신호다. 미루지 마라. 완벽하게 준비될 때까지 기다리지 마라. 작게라도 시작하라. 지금 당장.

당신은 이제 통찰의 5가지 도구를 손에 넣었다. 가정으로 현실을 직시하고, 의도와 사실을 분리한다. 시간을 늘려 흐름을 읽고, 해상도를 올려 구조를 본다. 그리고 발견한 것을 즉시 실행으로 옮긴다.

통찰은 숫자 바깥을 상상하는 게 아니라, 숫자 안쪽을 끝까지 따라가 본질에 닿는 힘이다. 회계는 과거를 기록하지만, 그것을 깊이 사용하려는 이에게 미래를 준비하는 통찰을 준다. 과거의 기록과 통찰이 만날 때, 보고서는 단순한 기록을 넘어 방향과 전략이 된다.

나의 회계 감각 체크리스트

긴 여정의 마침표를 찍기 전에 현재 당신의 회계 감각을 스스로 진단하고, 다음 레벨로 나아가기 위한 구체적인 실천 계획을 세워보고자 한다. 다음 15가지 질문을 읽고, 현재 당신의 모습과 가장 가까운 항목에 솔직하게 체크해보자.

태도와 인식

☐ 회계보고서를 보는 건 재무팀의 일이라고 생각하며, 요약된 실적만 겨우 본다.

☐ 재무제표의 숫자가 예상과 다르면 외면하고 싶을 때가 있다.

☐ 회계 용어가 나오면 대화의 주도권을 재무 담당자에게 넘긴다.

☐ 회계는 과거의 결과일 뿐, 미래 전략을 세우는 데는 큰 도움이 되지 않는다고 생각한다.

☐ 우리 회사의 재무 상태에 대해 막연한 불안감 또는 낙관이 있다.

지식과 해석

- [ ] 재무상태표의 자산, 부채, 자본의 관계를 설명하기 어렵다.

- [ ] 손익계산서의 영업이익과 당기순이익의 차이를 명확히 모른다.

- [ ] 이익이 많이 났는데 왜 현금이 부족한지 설명할 수 없다.

- [ ] 부채비율, 영업이익률 같은 기본적인 재무비율의 의미를 잘 모른다.

- [ ] 경쟁사의 재무제표를 찾아보고 우리 회사와 비교해본 적이 거의 없다.

활용과 실행

- [ ] 새로운 프로젝트를 제안할 때, 예상되는 재무적 효과를 숫자로 제시하지 않는다.

- [ ] 팀의 예산을 수립할 때, 작년 예산을 기준으로 적당히 조정하는 편이다.

- [ ] 문제가 발생했을 때, 원인을 파악하기 위해 어떤 재무 지표를 봐야 할지 바로 떠오르지 않는다.

- [ ] 회의나 보고 자료에 재무 데이터를 근거로 활용하는 경우가 거의 없다.

- [ ] 회사 전체의 핵심적인 재무 지표를 정기적으로 확인하는 습관이 없다.

레벨 진단 결과

10개 이상 체크했다면: [Lv. 1] 회계 입문 레벨

당신은 아직 회계와 어색하고 서먹한 사이이다. 이제 막 새로운 언어를 배우기 시작한 단계이니 괜찮다. 가장 중요한 것은 두려움을 설렘으로 바꾸는 작은 성공 경험이다.

5~9개 체크했다면: [Lv. 2] 회계 성장 레벨

당신은 회계의 중요성을 이해하고 있으며, 숫자를 읽으려 노력하고 있다. 하지만 아직은 흩어진 숫자들을 연결하고 패턴을 읽어내는 데 어려움을 겪는 단계다. '점'들을 '선'으로 연결하는 훈련이 필요하다.

4개 이하 체크했다면: [Lv. 3] 회계 활용 레벨

당신은 이미 회계를 꽤 익숙한 도구로 사용하고 있다. 이제는 과거 분석을 넘어, 회계를 미래 전략과 연결하고 조직 전체의 성과를 이끌어내는 전략가의 단계로 나아갈 차례다.

레벨업을 위한 맞춤형 처방전

[Lv. 1] 회계 입문 레벨: '질문'부터 시작하라!

- 목표: 회계와 친해지고, 숫자 앞에서 자신감 얻기
- 보고서에서 딱 하나의 숫자만 파고들기: 재무보고서의 수많은 숫자 중 가장 눈에 띄거나 이해되지 않는 숫자 하

나만 골라 "이 숫자는 왜 이렇게 나왔지?"라고 질문하는
습관을 들이자.

- 경쟁사 공시 자료 열어보기: DART(금융감독원 전자공시
  시스템)에서 경쟁사의 사업보고서를 열어보자. 우선은 그
  것만으로도 충분하다. 비교는 가장 강력한 학습 도구다.

[Lv. 2] 회계 성장 레벨: '연결'하고 '패턴'을 찾아라!

- 목표: 흩어진 숫자를 연결해 의미 있는 인사이트 도
  출하기

- 과거 3개 분기 데이터 비교하기: 이번 분기 실적만 보지
  말고, 과거 3개 분기 데이터를 나란히 놓고 추세와 패턴
  을 찾아보자. "매출은 늘었는데, 왜 영업이익률은 떨어지
  고 있지?"와 같은 의미 있는 질문을 발견하게 될 것이다.

- 나만의 핵심 지표 3가지 정하기: 우리 회사의 비즈니스
  모델에서 가장 중요한 재무비율 3가지를 정하고, 매주 그
  변화를 직접 추적하고 기록해보자.

[Lv. 3] 회계 활용 레벨: '예측'하고 '스토리'를 만들어라!

- 목표: 회계를 과거 분석 도구에서 미래를 만드는 전략 도

구로 활용하기

- 관리회계 데이터 활용하기: 재무회계를 넘어, '제품별 수익성 데이터', '채널별 고객 획득 비용 데이터' 등 우리 회사의 전략적 의사결정에 필요한 맞춤형 관리회계 리포트를 재무팀과 함께 설계하고 활용해보자.

- 다음 분기 실적 직접 예측해보기: 과거 데이터와 사업 계획을 바탕으로, 다음 분기 우리 회사의 매출과 영업이익을 스스로 예측하고 그 근거를 정리해보자. 당신의 예측과 실제 결과가 어떻게 다른지 비교하는 과정에서 경영 감각이 날카로워진다.

- 숫자로 성장 스토리 설명하기: 재무 데이터를 근거로 투자자나 직원들에게 '회사가 지난 3년간 어떻게 성장해왔는지, 앞으로 3년은 어떤 숫자를 만들어낼 것인지' 설득력 있는 성장 스토리를 제시해보자.

회계 감각은 하루아침에 길러지는 초능력이 아니다. 매일의 작은 관심과 꾸준한 습관이 만들어내는 '건강한 근육'이다. 이 체크리스트를 잘 보이는 곳에 붙여두고, 주기적으로 당신의 성장을 점검하는 용도로 활용하자.

숫자로 비즈니스를 연결하는 리더에게

이 책의 첫 장을 넘길 때의 마음을 기억하는가? 아마도 많은 사람이 '회계'라는 단어가 주는 막연한 부담감과 함께 '이번에는 숫자에 대한 두려움을 내려놓고 좀 더 가까이 다가갈 수 있을까?' 하는 기대를 안고 여정을 시작했을 것이다. 프롤로그에서 마주했던 '회계 앞에서 길을 잃는 10가지 순간'은 어쩌면 당신이 일상에서 매일 겪고 있던 답답한 현실 그 자체였을지도 모른다.

이 책을 쓰면서 나의 커리어 여정을 되돌아보았다. 공인회계사 시험에 합격하고 회계법인에 입사해 다양한 회사의 회계감사 업무를 수행하며 커리어를 시작했던 시절이 떠올랐다. 회계를 전공하고 공인회계사 시험을 준비하며 많은 숫자를 접했지만, 실제 경영 현장에서 살아 움직이는 숫자들을 마주하는 경험이 특히 새로웠다.

회계법인 시절 회계감사를 비롯해 기업가치 분석, M&A 자문, 부실채권 매각 자문 등 다양한 분야와 산업의 클라이언트들과 함께했다. 이후 인더스트리로 옮겨 온라인 게임, IT, 패션, 이커머스, 딥테크 산업을 경험하고, 미국 주재원과 영국 현지 법인, 사모펀드와 VC 투자를 받은 회사까지 두루 거치면서 정말 많은 재무와 회계 담당자, 개발과 생산, 영업, 마케팅 리더 그리고 경영자들을 만났다.

어떤 곳에서 어떤 역할로 일하든 늘 가장 중요하게 여겼던 업무를 꼽자면, 숫자를 바탕으로 비즈니스를 이해하고, 다시 비즈니스를 숫자로 풀어내는 일이었다.

어느 회사를 가든 그곳에는 회사 공통의 언어인 회계, 즉 숫자로 정리된 자료가 존재한다. 기본이 되는 결산 자료와 재무제표부터 회사의 비전과 목표를 반영한 관리 리포트까지… 새로운 회사를 접하거나 조인하거나 자문할 때면 가장 먼저 그 회사의 수익과 비용 구조를 분석했다. 하지만 숫자를 파악하는 것만으로는 충분하지 않다. 그 숫자가 만들어진 배경, 즉 비즈니스의 맥락을 이해하는 과정이 반드시 병행되어야 한다. 그 과정을 통해 회계와 재무 담당자는 숫자에 담긴 스토리를 알게 되고, 비즈니스 담당자는 그들이 맡은 일이 어떻게 숫자로 표현되는지 알게 된다.

나는 재무 전문가로서 비즈니스를 이해하려 노력했고, 끊임없이 담당자들에게 질문하고 대화를 나눴다. 다행히 그런 모습이 동료들에게 긍정적으로 다가갔던 것 같다. 그들은 더 많은 현장의 이야기를 들려줬고, 현장의 이야기가 담긴 재무 분석은 우리의 논의를 더 풍성하게 만들어 효과적인 의사 결정을 이끌어냈다. 나아가 비즈니스 전체를 관통하는 수익과 비용 구조 분석을 통해 회사의 성장 동인과 전략 방향을 다시 한번 진단하고, 사업 구조와 조직 구조를 바로잡아 전 구성원이 한 방향을 바라보고 일할 수 있도록 새로운 관점을 제시하기도 했다.

그런 나의 상대편에는 '최고의 동료가 최고의 복지'라는 넷플릭스의 인사 철학을 실감하게 해준 이들이 있었다. 힘든 업무 속에서도 서로의 훌륭한 토론 파트너가 되어 1+1이 2가 아닌 5나 10이 되는 폭발적인 시너지를 경험하게 해준 동료들, 바로 비즈니스와 전략을 담당하던 동료들이었다. 그들은 자신들의 기획을 매력적인 스토리로 풀어내는 데 그치지 않고 숫자로 표현하고자 했고, 숫자가 함께하는 탄탄한 스토리를 바탕으로 그들의 이야기를 더욱 설득력 있게 전달했다. 숫자 너머의 스토리를 이해하고 그 내용을 숫자로 뒷받침하고자 하는 서로의 노력이 놀라운 시너지를 만들어냈고, 그 어떤 환경에서도 회사와 함께 성장하는 기쁨을 만끽하게 했다.

드라마 〈작은 아씨들〉에 이런 대사가 나온다.

"미래에는 대부분의 경리가 사라져. 그럼 어떤 경리가 남을까? 숫자가 하는 이야기를 읽을 수 있는 경리. 회사가 어떻게 여기까지 왔고 어떤 위험과 잠재력을 안고 있는지, 우린 앞으로 어디로 가야 하는지. 회계 프로그램은 그런 건 절대 못 읽지."

우리는 이 책을 통해 회계가 단순한 기록이 아닌, 비즈니스의 언어라고 설명했다. 그것은 비즈니스의 본질을 꿰뚫어 보는 관찰의 도구이며, 비즈니스 속 다양한 활동을 하나의 결과로 번역하는 강력한 시스템이다. 우리는 이 언어의 개념을 이해하고, 나아가 비즈니스를 설계하고 관리하는 방법을 익혔다. 회계는 때로 전략의 청사진이 되고, 예방의 안전장치가 되고, 조직을 움직이는 소통의 무기가 된다. 이 모든 여정은 결국 비즈니스에 대한 깊은 통찰로 이어진다.

이 여정의 목표는 단 하나다. 당신이 더 이상 숫자에 끌려다니는 것이 아니라, 숫자를 무기 삼아 비즈니스 스토리를 더욱 설득력 있게 이야기하고, 비즈니스를 더욱 건강하게 성장시키는 도구로 회계와 재무를 활용하도록 돕는 것이다.

스타트업얼라이언스에서 출간한 《J커브를 위한 스타트업 재무 가이드북》 인터뷰에서 "CFO에게 가장 중요한 역량이 무엇인가?"라는 질문을 받았을 때, 나는 주저 없이 "커뮤니케이션 능력"이라고 답했다. 재무관리는 결국 조직과 구성원의 활동을 수치화해 내부와 외부 이해관계자와 소통하는 과정이기 때문이다. 리더는 각 부문의 이야기를 경청하고, 비즈니스에 대한 이해와 통찰, 논리적인 데이터 분석을 바탕으로 전체 조직이 한 방향을 바라보고 일할 수 있도록 '숫자와 스토리'를 전달해야 한다.

당신에게도 똑같은 질문을 던지고 싶다.

이제 당신의 비전을, 당신 팀의 노력을, 당신 회사의 잠재력을 이야기하는 스토리에 '숫자'라는 가장 강력하고 보편적인 언어를 더해 소통할 준비가 됐는가?

영화 〈더 서클〉에 "가장 두려운 것이 무엇인가?"라는 질문에 주인공 엠마 왓슨이 "이루지 못한 잠재력unfulfilled potential"이라고 답하는 장면이 나온다. 당신의 회사가 가진 그 잠재력을 마음껏 꽃피울 수 있기를 바란다.

숫자와 함께 일하라. 당신의 모든 비즈니스는 숫자와 함께한다.